HEYN
BÜCHE

ESOTERISCHES
WISSEN

GERALD G. JAMPOLSKY

AUS DER DUNKELHEIT ANS LICHT

Mein Weg zu innerer Heilung und verstehender Liebe

WILHELM HEYNE VERLAG
MÜNCHEN

HEYNE ESOTERISCHES WISSEN
Herausgegeben von Michael Görden
08/9631

Aus dem Amerikanischen übertragen von Karin Petersen

Titel der Originalausgabe:
OUT OF DARKNESS INTO THE LIGHT.
A JOURNEY OF INNER HEALING
erschienen bei Bantam Books, Inc., New York

Genehmigte Taschenbuchausgabe
im Wilhelm Heyne Verlag GmbH & Co. KG, München
Printed in Germany 1993
Umschlaggestaltung: Atelier Adolf Bachmann, Reischach
Umschlagillustration: ZEFA/Allstock, Düsseldorf
Druck und Bindung: Presse-Druck, Augsburg

ISBN 3-453-06937-4

Inhalt

Einleitung: Aus der Dunkelheit ans Licht 7

1 Eine Landkarte für das Leben 21
2 Die frühen Jahre meines Ich 35
3 Der Kampf geht weiter 45
4 Das Gesetz des Mangels 55
5 Ein Leben auf Sand gebaut 67
6 Den Berg erklimmen 75
7 Liebe abwehren 87
8 Fixierungen 95
9 Einen Sinn finden 105
10 Beginnende Hingabe 111
11 Zuhören 123
12 Mein Vater 137
13 Meine Mutter 149
14 Von besonderen zu heiligen Beziehungen 163
15 AIDS: Angst in Liebe und Mitgefühl umwandeln 181
16 Jeder ist unser Lehrer 199
17 Nichts ist unmöglich 211
18 Meditationen für jeden Tag 217
19 Bei jedem Schritt des Weges 229
20 »Liebe ist der Weg, den ich voll Dankbarkeit gehe« . . . 233

Nachwort 237
Dank 239

Einleitung

Aus der Dunkelheit ans Licht

Ein vorüberziehender Traum

Hilf mir aus dem Kerker der Dunkelheit,
dessen Wände aus den Schatten meines Ich gebaut sind.
Laß mich erwachen aus meinem Angsttraum,
wo Schuld, Vorwurf und Angriff
aus schattendunklen Türen winken.

Hilf mir, die Welt mit anderen Augen zu betrachten,
indem ich Vorwürfen und Selbstverurteilung
keinen Wert beimesse.
Hilf mir, Liebe zu erleben
als meine einzige Wirklichkeit.

Hilf mir, nur die Brücken
des Vergebens zu überqueren,
denn so gelange ich
aus der Dunkelheit
ans Licht.

Es ist noch gar nicht so lange her, da wäre ein Buch über den »Kampf eines Menschen mit Gott« das letzte, was ich gern gelesen hätte, und die Vorstellung, ich selbst könnte so ein Buch schreiben, wäre einfach lächerlich gewesen. »Gott« war ein negativer Begriff für mich. Außerdem, wie sollte man mit Gott kämpfen können – da ich doch fest davon überzeugt war, daß es solch ein Wesen gar nicht gab?

Im Alter von dreiundsechzig Jahren habe ich jetzt erkannt, daß ich die meiste Zeit meines Lebens mit Gott gekämpft habe, ohne mir dessen bewußt gewesen zu sein. Das klingt vielleicht merkwürdig aus dem Munde eines Menschen, der sich einmal ziemlich überheblich als Atheisten – ja sogar als streitbaren Atheisten – bezeichnet hat.

Ich war sicher, daß jeder Mensch, der an Gott glaubte, ein intellektueller »Softy« sein müsse, der nicht mit beiden Beinen im »wirklichen« Leben stand. Mein Snobismus ruhte auf ganzen Bergen von irrigen Gedanken. Wenn jemand versuchte, ein Gespräch über Gott mit mir anzufangen, wandte ich mich einfach von ihm ab. Ich wollte davon nichts wissen.

Und doch hatte mein Leben nicht immer so ausgesehen. Ich kannn mich an Augenblicke erinnern, als ich mich ganz anders fühlte, als Gott zum Anfassen nahe zu sein schien.

Als ich etwa vier Jahre alt war, spielte ich einmal allein auf dem Grundstück hinter der Wohnung, in der wir lebten. Die Erinnerung daran ist kristallklar. Es war einer der glücklichsten Augenblicke meiner Kindheit. Ich sprach mit den Gänseblümchen und mit den Schmetterlingen. Und sie antworteten mir. Wir führten lange Gespräche miteinander. Ich erinnere mich daran, daß ich ihre grenzenlose Liebe spürte und wie offen und überfließend mein Herz sich anfühlte, als ich sie in meine Liebe einschloß.

Als kleines Kind unterhielt ich mich auch mit dem Himmel, den Wolken und mit Gott. Die Freude, die ich in diesen Augenblicken erlebte, war wie eine wunderbare Musik. Ich fühlte mich so eins mit allem, und alles schien so schön und ewig zu sein.

Wann immer diese Erinnerungen in meinem Erwachsenenleben auftauchten, tat ich mein Bestes, um sie zu verdrängen. Ich blieb bei meinem überzeugten atheistischen Standpunkt und hielt an meinem

Glauben fest, daß Menschen, die religiös waren, Menschen, die sich auf einem spirituellen Weg befanden – Menschen, die an Gott glaubten –, lediglich Opfer ihrer eigenen Ängste waren. Für mich war der Satz, »Im Schützengraben gibt es keine Atheisten«, der im Ersten Weltkrieg geprägt wurde, einfach eine weitere Bestätigung dafür, daß Menschen nur dann an Gott glaubten, wenn sie sich zu Tode fürchteten.

Ich glaubte, daß man im Zustand von Angst seinen Kopf nicht benutze. Daß Angst die Menschen intellektuell verweichliche. Ich war davon überzeugt, daß für einen Menschen, der intellektuell wach und rege war, keine Definition von Gott überzeugend sein konnte. Mir kam auch nicht für eine Sekunde der Gedanke, ich selbst könne derjenige sein, der Angst hatte.

Als Kind glaubte ich an einen äußeren, übermenschlichen Gott, der im Himmel lebte. Ich stellte ihn mir als alten Mann mit weißem Gewand, langem weißem Bart und buschigen weißen Augenbrauen vor. Ich glaubte, man würde belohnt, wenn man tat, was Gott von einem verlangte. Wandte man sich aber gegen Gott, würde man auf die eine oder andere Weise streng bestraft werden. Ich glaubte an einen furchterregenden, rachsüchtigen, unversöhnlichen Gott.

Erst in jüngster Zeit habe ich herausgefunden, daß ich für die Gedanken, die ich denke, verantwortlich bin und sie wählen kann. Ich weiß, daß nur meine Gedanken mich einsperren und daß nur sie mich befreien können. Es war mir vorher niemals in den Sinn gekommen, daß ich mich entscheiden konnte und die Wahl hatte, auf die Stimme meines Ich zu hören, die voller Angst ist, oder auf die Stimme Gottes, die auf Liebe gegründet ist. Erst in letzter Zeit habe ich begonnen, die wahre Bedeutung von Sätzen wie: »Laß meinen Willen und Deinen Willen eins werden« oder: »Dein Wille geschehe« in meinem Herzen zu fühlen.

Unsterblichkeit und Angst

Wie meine Eltern habe auch ich mich immer vor dem Tod gefürchtet, weil ich dachte, meine Realität sei durch meinen Körper und mein Ich begrenzt. Das hieß für mich, daß der Tod das absolute Ende

von allem war. Wenn so das Drehbuch aussah, das Gott geschrieben hatte, wollte ich in keiner Weise daran teilhaben. Gleichzeitig hielt ich Menschen, die über das ewige Leben sprachen, für Träumer, die offensichtlich nicht auf dem Boden der Tatsachen standen.
Mein letzter Rest von Glaube an Gott verschwand, als ich mit sechzehn einen guten Freund durch einen Autounfall verlor. In meinen Augen war der Tod meines Freundes ein grausamer, ungerechter Wahnsinn. Ich war sicher, daß es keinen gerechten, vertrauenswürdigen, liebevollen Gott geben konnte. Und diese Überzeugung ließ mich mehr als je zuvor ängstlich und verletzlich sein und verstärkte das Gefühl, nicht liebenswert zu sein. Nach diesem Ereignis schwankte ich zwischen dem Glauben, es gäbe keinen Gott, und der Angst, daß Gott bestimmt darauf aus war, mich zu packen. Ich wollte, daß mein Körper ewig lebte. Ich phantasierte, meinen Körper nach dem Tod einfrieren zu lassen, denn es könnte ja sein, daß jemand vielleicht, nur vielleicht, eine Wunderdroge entdeckte, die mich wieder zum Leben erweckte und mich ewig leben ließ. Bevor ich einen spirituellen Weg einschlug, betrachtete ich den Tod als ein Erlebnis, bei dem ich jede Kontrolle verlieren würde, und wollte meine Angst davor dadurch überdecken, daß ich die Menschen und Umstände in meiner Umgebung zu kontrollieren versuchte.
Trotz des äußeren Erfolgs, den ich in meinem Leben hatte, fühlte ich mich immer von dem Gefühl verfolgt, daß das Leben sinnlos sei. Dieses Gefühl war die Stimme meines Ich, aber das wußte ich zu jener Zeit nicht. Ich spürte, daß das Leben mehr enthalten müsse, als das, was ich erfuhr. Ich dachte, es gäbe auf Erden keinen Weg, um mich beständig vor Verletzungen, Angriffen, körperlichen und seelischen Schmerzen oder Krankheit zu schützen. Bei fast allem, was ich tat, stieß ich am Ende immer wieder auf die Erkenntnis, daß ich den Tod nicht kontrollieren konnte.
Was immer mein Ich sagte, war für mich die Wahrheit. Doch heute kann ich sehen, daß die Bilder, die mein Ich mir zeigt, mir einen falschen Eindruck von der Welt und von meinem Platz darin vermitteln. Mein Ich möchte mich glauben machen, daß ich nicht mehr bin als eine Persönlichkeit, die in einem Körper steckt, der räumlich und zeitlich begrenzt ist.

Was ist das Ich?

Ich benutze den Begriff »Ich« anders als die meisten Psychoanalytiker. Ich betrachte das Ich als ein falsches Bild, eine Form, die mit dem Körper und dem physischen Selbst verbunden wird. Es ist ein Traum, der unsere wahre Identität als spirituelles Selbst verleugnet, eines Selbst, das keine physische Form hat.

Das Ich selbst widersetzt sich einer Definition, aber seine Auswirkungen auf unser Leben lassen sich ohne weiteres erläutern. Die Hauptbotschaft des Ich ist Angst – die Angst, allein in einer Welt des Mangels zu sein, in der wir suchen müssen, was uns fehlt (ohne es jemals zu finden). Es weiß nichts vom Sinn der Liebe und betrachtet Frieden als seinen Feind. Es sieht die Welt als einen Ort der Isolation, isolierter Körper und isolierter Gedankenwelten. Es glaubt nicht an unsere Ganzheit oder unser Einssein. Es möchte uns glauben machen, daß unsere Welt viel mehr auf Angst und Angriff als auf Liebe beruht. Es verleugnet die Existenz des spirituellen Selbst und redet uns ein, das, was wir mit unseren physischen Augen wahrnehmen, sei die Realität. In diesem Buch geht es um meinen Kampf mit dem Ich und um meine Versuche, mir des spirituellen Selbst bewußt zu werden – das Selbst, das nicht auf einen Körper beschränkt oder durch Zeit und Raum begrenzt ist.

Mein Kampf mit Gott beruhte darauf, daß mein Ich beharrlich an die Angst glaubte statt an Gott, so daß ich eher dem Diktat des Ich folgte, statt mich von Gott lenken und leiten zu lassen. Aus Angst versuchte ich mich – mit wenig Erfolg – auf meinen eigenen Plan, meinen eigenen Verstand, meinen eigenen Willen, mein eigenes Urteil und meine eigenen früheren Erfahrungen zu verlassen. Und das Ich möchte natürlich, daß wir alle genau das tun.

Ich kämpfte immer dann mit Gott, wenn ich meine Erinnerung an ihn abblockte. Das heißt, jedesmal wenn ich einem anderen Menschen Vorwürfe machte oder mich selbst ablehnte, etwas verurteilte oder ärgerlich wurde, kämpfte ich auf irgendeiner Ebene meines Bewußtseins mit Gott.

Mir ist heute bewußt, daß ich die meiste Zeit meines Lebens mit dem Versuch verbracht habe, mich vor dem zu schützen, was mein Ich

als Angriffe von anderen Menschen betrachtete. Ich legte mir viele Verkleidungen zu, um meine Ängste und meine wahren Gefühle vor anderen, aber auch vor mir selbst zu verstecken.
Mit Hilfe von Verleugnung und Unterdrückung verbarg ich die Wahrheit vor mir selbst. Mein Ich hielt die Dinge in getrennten Räumen meines Verstandes vor mir versteckt und verschloß sie fest mit Stahltüren, um jede Verständigung zwischen ihnen zu verhindern. Und selbst wenn ich in einem dieser Räume in blankem Entsetzen aufschrie, konnte niemand meine Schreie hören.
Mein chaotisches Ich hielt meinen Adrenalinspiegel hoch, und in diesem Zustand schien mir die Welt ständig in der Offensive zu sein, und ich war immer auf der Hut vor Angriffen. Kein Wunder, daß meine Haltung dem Leben gegenüber in einer ständigen Abwehr bestand.
Wie ein selbst erschaffener Gott lebte ich, als sei ich in diese Welt gestellt worden, um andere zu verurteilen, zu verändern, zu kontrollieren und zu manipulieren. Ich versuchte, sie in Schablonen nach meinem eigenen Entwurf zu pressen, und entschied äußerst arrogant, wer meine Aufmerksamkeit verdiente und wer nicht.
Fast jeder Tag meines Lebens war voll von Ängsten, die mein Ich produzierte und die mich vor all den schrecklichen Dingen warnten, die mir passieren konnten. Ich hatte ständig mit den Schmerzen zu tun, die die Zukunft mir vielleicht bringen würde. Meine Entscheidungen waren ichbezogen und beruhten auf der Überlegung, was mir am meisten Lust und am wenigsten Schmerz bereiten würde, und ohne daß mir das klar wurde, verwechselte ich am Ende oft beides.
Ich war überzeugt davon, daß meine unglückliche Vergangenheit nur eine grauenvolle Zukunft verhieß, und natürlich fuhr ich fort so zu handeln, daß ich mir damit bewies, wie recht ich hatte.
Ich fand es immer schwierig, Entscheidungen zu treffen. Der Gedanke ließ mich nicht los, daß ich immer die falsche Wahl traf. Die Folge war, daß eine große Schuld auf meinen Schultern lastete. Es ist also nicht weiter verwunderlich, daß ich die meiste Zeit meines Lebens von Rückenschmerzen geplagt wurde.
Ich nahm irrtümlicherweise an, daß die Liebe, die ich erhielt, an Bedingungen geknüpft sei und danach bemessen werde, wie ich

mich aufführte oder was ich leistete. Darüber hinaus glaubte ich, daß mein Erfolg an Menge und Qualität des materiellen Besitzes gemessen werden könne, den ich erwarb. Ich mußte noch lernen, daß ich niemals wirklich glücklich sein würde, wenn ich spirituell unausgefüllt und mehr auf Nehmen als auf Geben aus war.

Es gab Zeiten, in denen das Leben für mich eine einzige Strapaze war, und ich tat mein möglichstes, mich durchzuhangeln. Ich war davon überzeugt, daß ich »alles allein schaffen mußte«.

Ich habe reichlich Lehrgeld zahlen müssen, bevor ich entdeckte, daß Entscheidungen, die getroffen werden, um das Ich zufriedenzustellen, weder Glück noch Frieden, weder Liebe noch Erfüllung bringen. Im Gegenteil, sie führen zu Traurigkeit, Enttäuschung, Dunkelheit, Konflikt und innerer Leere.

1973 endete meine zwanzigjährige Ehe – aus der zwei Söhne hervorgegangen waren – mit der Scheidung. Ich wurde verbittert und depressiv und hatte überwältigende Schuldgefühle. Ich fühlte mich wie in einem defekten Fahrstuhl, der ohne Halt nach unten raste. Das Leben schien nicht länger lebenswert. Ich wandte mich immer stärker dem Alkohol zu, ganz versessen darauf, mich selbst zu zerstören.

Ich versuchte es mit allen möglichen konventionellen und unkonventionellen Therapien. Nichts half. Ich wurde mehr als einmal wegen Trunkenheit am Steuer angehalten und brachte mich in Gefahr, sowohl meinen Führerschein als auch meine ärztliche Zulassung zu verlieren. Vor lauter Angst und Unglück war ich lebensmüde. Gott war das letzte, was mich interessiert hätte.

Und dann geschah ein Wunder. Bis zu dem Zeitpunkt hatte das Wort Wunder noch nicht einmal zu meinem Wortschatz gehört. Im Mai 1975 rief mich Judy Skutch Whitson, eine enge und liebe Freundin, aus New York an. Sie war ganz aufgeregt wegen eines Manuskriptes, das sie gerade in die Hände bekommen hatte und von dem sie glaubte, es könne mein Leben ändern. »Es geht um Gott und spirituelle Transformation«, sagte sie. Ich war daran nicht im geringsten interessiert.

Wenige Tage später brachte Judy mir das Manuskript mit nach Kalifornien, wo ich lebte. Es hieß *Ein Kurs in Wundern (A Course in Miracles).* Schon der Name gefiel mir überhaupt nicht. Judy drängte mich aber beharrlich, mir den Text anzuschauen. »Gut, ich werde eine Seite lesen, aber mehr nicht«, antwortete ich sehr von oben herab.

Im folgenden machte ich eine Erfahrung, die ich niemals ganz vermitteln konnte, obwohl ich das sicher viele tausend Male versucht habe. Nachdem ich diese eine Seite gelesen hatte, begann ich zu weinen. Tief in meinem Inneren flüsterte eine winzige Stimme: »Arzt, heile dich selbst. Dies ist dein Weg nach Hause.«

Ich kann nur andeuten, was danach geschah. Ich fühlte, daß das Universum sich mir geöffnet hatte, und ich wurde Teil von allem, was existierte. Es gab kein Getrenntsein, und ich wußte mit klarer Überzeugung, daß das Wesen meines Seins Liebe war. Ich verspürte einen Frieden und eine Freude, die über alles hinausgingen, was ich bislang erfahren hatte.

In der Tiefe meiner Seele empfand ich auch Zärtlichkeit, Sanftheit, Sicherheit und die innere Gewißheit, daß ich mich in Gottes Gegenwart befand. Und das alles hatte etwas Zeitloses. Ich fühlte, daß sich von diesem Augenblick an mein ganzes Leben ändern würde. Ich würde ein Leben leben, das Gott gewidmet war. In diesem kurzen Augenblick wußte ich, daß ich mein Leben ganz dem Geben verschreiben würde.

Ich hatte niemals wirklich begriffen, was eine mystische Erfahrung war, aber ich spürte, daß ich genau das erlebte. Im Herzen fühlte ich, daß mir eine Landkarte für mein Leben überreicht wurde und daß Gottes Wille und mein Wille eins werden würden.

❦

Zurückblickend wird deutlich, daß ich bis zu diesem Augenblick damit gekämpft hatte, nach welchem Drehbuch ich mein Leben führen wollte – dem Gottes oder dem meines Ich. Es wurde auch klar, daß mein Kampf immer ein einsamer Kampf gewesen war, weil Gott niemals daran beteiligt war. Ich hatte lediglich mit mir selbst gekämpft. Heute fühle ich, daß Gott geduldig darauf gewartet hat, daß ich meine falschen Überzeugungen aufgab und zur Quelle allen Lebens heimkehrte, die ich niemals wirklich verlassen hatte.

Ein Kurs in Wundern half mir zu erkennen, daß es nur zwei Wege gibt, Entscheidungen zu treffen. Der erste war mir bereits vertraut: mein alter Weg, auf mein Ich zu hören, eine Stimme, die auf Angst und Isolation beruht. Den zweiten begann ich gerade zu lernen, nämlich der Stimme Gottes zu lauschen, die aus Liebe und Verbundenheit entspringt.

Wenn mir vor dieser Zeit jemand erzählt hätte, es sei möglich, Entscheidungen zu treffen, indem ich Gott die Führung überließ, indem ich beschloß, meinen Willen und den Willen Gottes eins sein zu lassen, hätte ich ihn für verrückt gehalten.

Heute erkenne ich, daß ich mein ganzes Leben lang gesucht habe, aber nicht wirklich wußte, wonach. Darüber hinaus habe ich erkannt, daß alle Menschen Sucher nach der Wahrheit sind. Wir alle möchten das Ewige finden und die innere Leere von Isolation und Einsamkeit ausfüllen, die wir uns fälschlicherweise selbst geschaffen haben.

Auf der materiellen Ebene hat nichts den Durst meiner Sehnsucht löschen können. Es kam mir niemals in den Sinn, daß ich nach dem falschen Ziel strebte oder an falschen Orten suchte. Wie klug das Ich ist, wenn es darum geht, die Wahrheit vor uns zu verbergen! Meine vielschichtigen Ängste hatten mich im Dunkeln gelassen und mich blind dafür gemacht, wie einfach letzten Endes die Antwort ist – daß nämlich alles, was ich zu tun hatte, darin bestand, meine äußeren Bindungen an die Welt loszulassen und mich vertrauensvoll nach innen zu wenden.

Das Ich schlägt zurück

Während ich auf dem Heimweg zu Gott unterwegs bin und manchmal stolpere, habe ich entdeckt, daß ich ein sehr stures Ich habe. Ohne Kampf will es nicht aufgeben und verschwinden. Wenn ich mich im Widerstreit befinde, muß ich häufig feststellen, daß ich den Konflikt selbst gewählt habe, indem ich zuließ, daß mein Ich das Kommando übernimmt. Das geschieht meistens, wenn ich glaube, irgendwelche äußeren Dinge unbedingt haben zu müssen. Jedesmal

wenn ich einen solchen Wunsch loslasse, scheint der nächste nachzurücken.
Mir fällt es immer noch schwer, zwischen der Stimme meines Ich und der Stimme Gottes zu unterscheiden. Ich bin mit Sicherheit kein Experte darin, auf meine innere Stimme, meinen inneren Lehrer zu lauschen. Überwiegend bin ich unsicher, auf welche Stimme ich gerade eingehe.
Immer aber, wenn ich das Gefühl habe, wirklich ganz bei mir zu sein, bin ich mir einer Sache gewiß: daß ich Gott mein Herz öffnen möchte. In solchen Zeiten möchte ich all meine Probleme in Gottes Hände legen und in Richtung Liebe und Frieden gehen.
Ich habe auch entdeckt, daß mein Ich inneren Frieden als einen großen Feind ansieht. In dem Augenblick, wo ich mit mir in Frieden bin, produziert mein Ich Millionen von Versuchungen, diesen Frieden zu brechen.
Ich lasse mich leicht zu Schuldgefühlen und Leiden verleiten. Es ist fast so, als böte ich jedem an, den Auslöser für meine Schuldgefühle zu drücken. Wo ich auch bin, es fällt mir nie sehr schwer, einen geeigneten Menschen dafür zu finden.
Im Bruchteil einer Sekunde fährt mein Ich eine Radarantenne aus. Plötzlich fange ich, angeregt durch Angst und Isolation, an, die Beweggründe und das Verhalten der Menschen in meiner Umgebung zu verurteilen. Ich bin dann voller Zweifel, Mißtrauen, Angst, Ärger und innerem Widerstreit.
Ich fühle mich dann ganz bei mir und ganz bei Sinnen, wenn ich an nichts festhalte und mich daran erinnere, daß ich wirklich nicht weiß, was für andere Menschen oder für mich selbst das Beste ist. In solchen Zeiten kann ich meine innere Stimme am deutlichsten hören.

❦

Ich höre meinen inneren Lehrer, wenn ich meinen Verstand zur Ruhe bringe, wenn ich meine Vergangenheit und mein Ich loslasse und Gott mit leeren Händen gegenübertrete. In solchen Augenblicken erfahre ich den tiefsten inneren Frieden.

Manchmal habe ich das Gefühl, daß die dunklen Nächte der Seele häufiger werden, je näher ich dem Licht komme. Mein Ich ist weiterhin ziemlich rege, aber ich lerne, die Verantwortung für diese Aktivität zu übernehmen. Auch wenn ich meistens glaube, lieber glücklich sein als recht haben zu wollen, bin ich doch immer wieder erstaunt darüber, wie oft mein Ich das Kommando übernimmt und ich mich auf Kosten meines eigenen Glücks und des Glücks der Menschen in meiner Umgebung dafür entscheide, recht zu haben.
Beim Umerziehen meines Verstandes beeindruckt mich das Ausmaß der trügerischen Zweideutigkeit und Ambivalenz des Ich immer stärker. Wie häufig habe ich mich selbst und andere in Situationen gebracht, in denen wir beide verloren haben! Und ich bin gerade erst dabei zu lernen, daß alles nur noch schlimmer wird, wenn ich ärgerlich auf mein Ich werde.
Ich lerne, ruhig zu bleiben, wenn ich Kummer habe, höflich mit meinem Ich umzugehen und seinem Geschwätz keinen Wert beizumessen. Mein Ich wird ruhig, wenn ich mich entscheide, von Augenblick zu Augenblick zu leben, und diese Zeit nutze, um zu helfen und zu lieben, statt Urteile zu fällen.

Sich der Liebe hingeben

Seit 1975 habe ich mich bewußt darum bemüht, meinen selbstgemachten Kampf mit Gott zu beenden, indem ich mich der Liebe hingebe. Diese Hingabe ist nicht leicht, denn sie erfordert, daß wir das Ich-Selbst loslassen und Angst und Isolation keinen Wert mehr beimessen. In diesem Buch geht es um diesen Kampf und meine fortgesetzten Bemühungen, mich hinzugeben, das Ich hinter mir zu lassen und aus der Dunkelheit ans Licht zu gelangen.
Manchmal bin ich mitten in der Nacht erwacht, und Worte sind aus mir geflossen, die mich an die großartige Schönheit und Freude, den Frieden und die Geborgenheit erinnert haben, die wir alle erfahren können, wenn wir Gottes bedingungslose Liebe annehmen. Zu anderen Zeit bin ich mir der Entsetzensschreie meines Ich bewußt geworden, und meine Worte haben sich aus einem Zustand geistiger

Verwirrung ergossen. Einige haben die Form von Gedichten angenommen.
Bis jetzt habe ich diese Gedichte für mich behalten und sie nur dazu benutzt, selbst klarer zu werden. Beim Schreiben hatte ich nicht die Absicht, sie zu veröffentlichen.
Ein Teil von mir schämte sich für einige meiner Texte, die ich für kindisch, sentimental und sehr persönlich hielt. Als ich aber anfing, sie in meine Vorträge einzuflechten, stellte ich fest, daß andere ebenfalls erlebten, was ich beschrieb, Menschen, die sich durch ihre eigenen dunklen Nächte der Seele kämpften. Ich habe erlebt, daß diese persönlichen Texte anderen Menschen auf ihrem spirituellen Weg Stärke, Mut und Hoffnung geben können, und so gebe ich sie in diesem Buch an Sie weiter.

❦

Auch wenn ich manchmal noch mit Gott kämpfe, spüre ich, daß Sein Licht in meinem Leben heller und beständiger scheint und mich aus der Dunkelheit meines Ich in Seine Liebe führt.
Die Augenblicke der Stille und Liebe haben zugenommen, Augenblicke, in denen ich voll annehmen und darauf vertrauen kann, daß Gott mich umfassend, vollkommen, ganz und ewig liebt. Ich fange an zu begreifen, daß ich die Motive und Verhaltensweisen anderer Menschen nicht beurteilen oder interpretieren muß. Es ist nicht notwendig zu bestimmen, wer die Guten und wer die Bösen sind, wem man Vorwürfe machen und wen man bestrafen sollte. Ich stelle fest, daß es wirklich »sicher« ist, mein eigenes Drehbuch aufzugeben und Gottes Drehbuch zu vertrauen.
Ich finde Frieden, wenn mein Herz voll Vergeben ist. Ich finde Frieden, wenn ich anderen behilflich sein kann und wenn ich beschließe, in jedem Menschen, einschließlich meiner selbst, die Unschuld zu sehen.
Ich hoffe von ganzem Herzen, daß Sie, die Leserinnen und Leser, meine Texte und Überlegungen mit Gewinn lesen und daß Sie Stärke, Trost und Glaube aus den Geschichten schöpfen, die ich über all die Menschen erzähle, die meine Lehrer gewesen sind.

Ich bin jetzt voller Hoffnung. Und wenn es für einen Menschen wie mich Hoffnung gibt, der glaubte, daß ihm nicht zu helfen sei und daß er mehr Schuld, Scham und Unzulänglichkeiten mit sich herumtrage als irgendwer sonst auf der Welt, dann können Sie sicher sein, daß es auch für Sie Hoffnung gibt.

Gerald G. Jampolsky, M.D.
Tiburon, California
Dezember 1987

1

Eine Landkarte für das Leben

Was ist das für ein Krebs in mir?
Der fauchende Ärger, der lauert
in seiner dünnen Verkleidung...
Diese Kälte und Sprödigkeit,
jederzeit bereit,
sich aus meinen Poren zu ergießen.

Kann es sein, daß all das Angst ist,
nichts als Angst?
Gibt es keine Straßenkarte,
die mich zu Frieden leitet
und zu Freiheit?

Sollte es wirklich
so einfach sein:
Daß ich mich ganz fühle
und eins bin mit mir selbst,
wenn ich die Brücke des Vergebens
überschreite?

Warum ruft etwas,
das so einfach aussieht,
die stärksten Widerstände
in mir wach?

Hindernisse, nichts als Hindernisse.
Besteht das Leben nur
aus einer Reihe von Hindernissen,
die mich von anderen Menschen trennen?

Wann werde ich endlich erwachen
und mit klarem Bewußtsein erkennen,
daß ich all die Hindernisse
zwischen mir und anderen
selbst errichtet habe?

Ich bin es,
der sie fabriziert hat,
durch meine Angst vor Liebe
und meine Angst vor Gott.

Niemand gab mir jemals eine Straßenkarte, die mir zeigte, auf welchem Weg ich im Leben glücklich sein konnte. Niemals bekam ich eine Karte in die Hand, die mir den Weg wies, ein glückliches Kind oder als Jugendlicher nicht mit mir im Widerstreit zu sein, ein friedlicher Erwachsener oder ein guter Vater zu sein oder in Würde alt zu werden. Welche Straßenschilder ich auch vorfand, sie alle schienen in gegensätzliche Richtungen zu weisen.

Wenn es ein wiederkehrendes Thema in meinem Leben gibt, dann das, daß ich glaubte, eine bestimmte Richtung zu verfolgen, nur um am Ende eines langen Weges festzustellen, daß ich wieder genau am Ausgangspunkt angelangt war. Ich weiß, daß ich damit nicht allein dastehe, viele machen im Leben ähnliche Erfahrungen. Bei mir tauchten die immer gleichen Enttäuschungen wieder und wieder auf. Angst, Streß, Unglück und das Gefühl, nicht geliebt zu werden, waren meine ständigen Begleiter.

Es ist, als würde das Ich uns ständig sagen, daß wir im Leben suchen müssen, ohne jemals zu finden, was wir suchen. Für mich schien es fast unmöglich zu sein, mit Gewohnheiten und alten Verhaltensmustern zu brechen. Es gab im Leben mehr Verzweiflung als Spaß. Und wie sehr ich mich auch abmühen mochte, ich bewegte mich ständig im Kreis und fand keinen Weg da heraus. Ich hatte keine Straßenkarte, die mir den Weg zum Glück aufzeigte.

Aber die Wahrheit ist, daß auch die beste Straßenkarte der Welt solange für uns nutzlos wäre, wie wir uns nicht im klaren darüber sind, wo wir jetzt stehen und wohin wir gehen wollen. Damit wir die Straßenkarte effektiv nutzen können, müssen wir eine Vorstellung davon haben, wer und was wir wirklich sind. Wir müssen den Sinn unserer Lebensreise kennen und daran glauben.

Diese Vorstellungen nahm ich – wie viele andere Menschen auch – die meiste Zeit meines Lebens als selbstverständlich an, ohne jemals tiefer zu forschen oder mir genauer anzuschauen, was ich tun mußte, damit mein Leben einen Zusammenhalt bekam. Gefangen in meinem bruchstückhaften und manchmal chaotischen Leben, fand ich oft einfach nicht die Zeit, mich mit diesen Vorstellungen intensiver auseinanderzusetzen und mir Klarheit darüber zu verschaffen.

Ganz gleich wie es von außen ausgesehen haben mag, ich hatte niemals das Gefühl, daß meine Ziele beständig waren. Ich glaube, ich teile diese Erfahrung, dies Gefühl von Verlorenheit, das ich mir selbst und anderen nicht eingestehen wollte, mit sehr vielen Menschen. So viele von uns fühlen sich wie die sprichwörtlichen kleinen Lämmer, die vom Weg abgekommen sind. Wir fühlen uns in dieser Welt wie Fremde, die sich niemals sicher sind, wo sie ihr wahres Zuhause finden können.

❦

Um eine Reise beginnen zu können, müssen wir uns unserer Identität sicher sein und wissen, wer und was wir sind. Bevor ich einen Weg zu spiritueller Führung fand, hatte ich das Gefühl, daß meine ganze Identität aus meinem Ich bestand, der Person in diesem Körper, die Jerry Jampolsky heißt. Ich glaubte, die Summe all dessen zu sein, was ich im Leben getan hatte, und daß das Leben nicht mehr war als nur das. Arzt zu sein war Teil meiner Identität. Ein weiterer Teil bestand in meinem Glauben, daß mein Körper nur für eine begrenzte Zeit hier sein würde. Früher oder später würde ich sterben, und damit würden mein Leben und meine Identität zu Ende sein. Weil so viele Menschen in meiner Umgebung diese Überzeugung teilten, sah ich niemals einen Grund, sie in Frage zu stellen.

Im Laufe der Jahre wurde mir deutlich gemacht, daß wir uns selbst und andere begrenzen, wenn wir uns gegenseitig dieses oder jenes Etikett zuweisen und uns nach der Arbeit einschätzen, die wir tun. Früher habe ich Menschen, kaum daß ich ein, zwei Minuten mit ihnen zusammen war, immer gefragt: »Und was arbeiten Sie?« Wenn sie dann antworteten: »Ich bin Arzt, Busfahrer, Lehrer usw.«, beurteilte ich ihren Wert entsprechend und entschied danach, ob ich mehr Zeit mit ihnen verbringen wollte.

Die Möglichkeit, daß unsere wahre Identität in unserem spirituellen Wesen begründet sein könnte, oder daß wir Liebe sind und unsere wahre Realität vielleicht gar nichts mit unserem Beruf, Körper oder Ich zu tun hat, erschien mir früher lächerlich und unlogisch.

1974 machte ich eine Erfahrung, die mir beibrachte, daß es vielleicht auch andere Wege gab, mich auf mich selbst und andere zu beziehen. Ich besuchte eine Cocktailparty. Nicht in Stimmung für oberflächliches Geplauder, sah ich ein leeres Sofa und steuerte darauf zu. Gerade als ich mich setzte, nahm ein anderer Mann neben mir Platz. Wir kamen sofort ins Gespräch und hatten eine schöne Zeit miteinander. Wir sprachen über viele Dinge, und unsere Unterhaltung ging sehr tief und kam von Herzen. Die Zeit schien nur so dahinzufliegen. Später gesellte sich unsere Gastgeberin zu uns. »Ich bin so froh, daß ihr beiden euch getroffen habt«, sagte sie. »Ich entnehme eurem angeregten Gespräch, daß ihr viel Spaß miteinander habt.« Wir stimmten zu.

Wir hatten uns nicht mit Namen bekannt gemacht. Es stellte sich heraus, daß mein Gesprächspartner ein weltberühmter Konzertpianist war. Als unsere Gastgeberin ihm erzählte, ich sei Psychiater, lachte er und sagte: »Ich kann Psychiater nicht ausstehen. Hätten Sie sich mir so vorgestellt, wäre ich wahrscheinlich weggegangen.«

Ich lachte auch. Dann war ich an der Reihe, bekennen zu müssen: »Hätte ich gewußt, daß Sie ein berühmter Musiker sind, hätte ich mich so minderwertig und bedroht gefühlt, daß ich auch nicht mit Ihnen hätte sprechen können.«

Vielleicht hat unsere Identität mehr mit unserem Herzen zu tun als mit dem, was wir mit unserem Körper Tag für Tag tun.

Die ersten Straßenkarten

Natürlich übernehmen wir vieles in bezug auf unsere Identität von unseren Eltern. Ein Großteil unserer Identität konzentriert sich jedoch darauf, dem Ich eine Straßenkarte für das Leben zu entwerfen. Wenn ich auf meine frühesten Erfahrungen zurückschaue, lerne ich mein Ich besser kennen und beginne, seine Stimme in meinem gegenwärtigen Leben zu unterscheiden. Ich sehe mein Ich etwas deutlicher und erkenne seine Stimme voll Angst und Isolation, wenn sie mich anschreit.

Ein sehr lautstarker Bestandteil dieser Stimme besteht in der Philosophie meiner Eltern, daß das Gestern schrecklich war, das Heute fürchterlich ist und das Morgen noch schlimmer sein wird, so daß man ständig auf der Hut sein muß. Daß ich der Stimme dieses Glaubenssystems lauschte, hat mich zu Depression und Hoffnungslosigkeit geführt. Über diesen Abschnitt meiner Straßenkarte habe ich viel von meiner Mutter gelernt, die ein sehr besorgter Mensch war.

Manchmal bekam ich ungereimte Botschaften von meinen Eltern. So fuhren wir zum Beispiel bei einem Sonntagsausflug einmal auf einen sehr steilen Hügel zu, und meine Mutter sagte, es sei zu gefährlich, ihn hochzufahren. Sie ließ meinen Vater am Fuße des Hügels halten, damit sie aussteigen und zu Fuß gehen konnte. Oben stieg sie dann wieder zu uns in den Wagen. Erst Jahre später fiel mir ein, daß meine Mutter trotz der Vorstellung, daß dieser Weg gefährlich sei, ihre restliche Familie hatte weiterfahren lassen.

Ich erinnere mich auch daran, daß meine Eltern mich ständig zur Eile antrieben. Ganz gleich, was ich tat – mich anziehen, baden, essen, mich auf den Weg zur Schule machen –, ich war nie schnell genug. Besonders deutlich sind mir die Abendessen mit meiner Familie in Erinnerung. Zu fünft am Tisch versammelt, wurde alles in großer Eile erledigt. Die Teller wurden schnell verteilt, das Essen war im Nu aufgetan, und wir alle aßen so schnell wir nur konnten. Diese Erfahrung spielte mit, als ich das Konzept »Schnell, schnell!« in andere Teile meiner Straßenkarte einfügte. Ich rannte immer mit voller Geschwindigkeit durch den Tag, wobei ich mir niemals sicher war, ob ich vor etwas weglief oder auf etwas zu rannte, und auch nie wußte, warum ich eigentlich alles so schnell machte. Mein Ich trieb mich zur Eile an, obgleich es mir selten gute Gründe dafür lieferte. Als Kind zappelte ich ständig herum und war stets in Bewegung – mit heutigen Begriffen würde man mich als »hyperkinetisch« oder »hyperaktiv« bezeichnet haben –, und wenn es darum ging, eine Richtung zu wählen, lief ich unweigerlich in die falsche. Wenn ich zurückblicke, habe ich den Eindruck, daß ich ständig Milch verschüttete und gegen irgendwelche Gegenstände stieß. Aus alledem wob ich einen weiteren Teil meiner Straßenkarte – den Eindruck,

ein ungeschickter Tölpel zu sein, ein Selbstbild, das mein Ich nur allzu bereitwillig annahm.
Ich hinterließ immer eine große Staubwolke und muß meine armen Eltern zur Verzweiflung getrieben haben. Ich ging niemals langsam, wenn ich rennen konnte, und stieß weiterhin überall an und verlief mich. Meine stürmische Energie war für die meisten Menschen in meiner Umgebung sehr schwer zu ertragen.

Meine Eltern waren beide Emigranten. Sie lebten ihr Leben sehr ähnlich, wie ihre Eltern es getan hatten, arbeiteten sehr hart und machten sich ständig Sorgen. Ihre persönliche Identität drehte sich darum, fast alles für ihre Kinder zu opfern. Heute würde ich sie als Menschen bezeichnen, die sich dem Leiden verschrieben haben. Frieden und Glück gab es für sie nur in kleinen Happen. Und ich bin sicher, sie hatten das Gefühl, ihre Liebe messe sich an dem, was sie ihren Kindern opferten.
Viele Jahre lang nahm ich meine Eltern als Menschen wahr, deren Identität durch ein Gefühl von Hoffnungslosigkeit geprägt wurde, überschattet von der Prophezeiung, daß das Schlimmste erst noch kommen würde. Ich wurde ständig vor den Gefahren und Risiken der Dinge gewarnt, die ich vorhatte. Wenn es dann nicht so lief, wie ich wollte, wurde ich wiederum gemahnt, das Schlimmste zu erwarten und mich darauf einzurichten. Auf diese Weise unterstützten sie mich dabei, mir eine Realität zu schaffen, die auf der Wahrnehmung beruhte, die ihnen ihr Ich vorschrieb und derzufolge ihre schrecklichsten Vorahnungen sich immer bestätigten.
Das soll nicht heißen, daß es nicht auch lichte Augenblicke in unserem gemeinsamen Leben gab. An den Wochenenden gingen wir alle zum Angeln an einem Steg in der Nähe unserer Wohnung. Im Sommer fuhren wir zelten. Ein Ereignis im Yosemite Nationalpark ist mir als besonders deutliches Beispiel für das Gebot meiner Eltern vor Augen, uns zu beeilen, uns zu fürchten und vorzusehen – und das alles zur gleichen Zeit.

Wenn wir zelten fuhren, schlugen wir immer zwei Zelte auf. In dem einen schliefen wir, und im anderen bewahrten wir die Lebensmittel und Kochutensilien auf. Damit wollten wir die Bären abhalten, die hinter allem her sind, was eßbar riecht. Meine Eltern hatten uns immer wieder eingeschärft, wie gefährlich Bären waren und wie vorsichtig wir sein mußten.

Eines Nachts wurden wir von einem Bären geweckt, der in unser Speisekammer-Zelt eingedrungen war. Weil es sich direkt neben unserem Schlafzelt befand, gerieten wir in Panik. Alles schrie herum, daß wir schnell, schnell aufstehen und uns anziehen sollten, um zum Auto zu laufen, wo wir vor dem Bären sicher waren. Ich griff hastig nach meiner Hose, zog sie an, so schnell ich konnte, zog den Reißverschluß hoch – und klemmte zu meinem großen Entsetzen meinen Penis dabei ein!

Während alle herumschrien, daß der Bär uns angreifen würde, wenn wir uns nicht beeilten, halfen mir meine Brüder und mein Vater, mich aus den Klauen des Reißverschlusses zu befreien. Als wir dann aus dem Zelt kamen, war der Bär verschwunden; wahrscheinlich hatte unser Lärm ihn vertrieben. Zurückblickend kann ich dieses Erlebnis mit Humor betrachten, aber es liefert mir ein ausgezeichnetes Beispiel dafür, wie wir selbst ein Unglück hervorrufen können, wenn wir ständig in Eile sind und immer das Schlimmste befürchten.

Weil ich das Glaubenssystem meiner Eltern übernommen hatte, stand ich im Leben ständig unter großem Druck und fühlte mich die meiste Zeit über schwer, müde und in Gefahr. Glück und Freude hatten in dieser Philosophie keinen Platz. Ich hatte Schuldgefühle wegen der Vergangenheit und machte mir Sorgen um die Zukunft. Innerhalb dieses Rahmens gab es nicht viel Platz, um in der Gegenwart zu leben. Und wenn ich doch einmal in der Gegenwart lebte, hatte ich das Gefühl, das Glück, das mir dabei vielleicht widerfuhr, nicht zu verdienen.

Der innerste Wesenskern meiner Eltern bestand aus *SCHULD*, und zwar in Großbuchstaben. Wenn ich meinen Vater gerade einmal nicht enttäuschte, verletzte ich meine Mutter. Als Heranwachsender dachte ich, meine Familie habe ein Monopol auf Schuld.

Ich übernahm die Sicht meiner Eltern, daß der Sinn des Lebens darin liege, Leiden und Überleben in einer Welt voller Angst zu lernen, in der man tagtäglich von irgend jemandem oder irgend etwas bedroht und angegriffen werden konnte. In der Welt meiner Eltern wurden schlechte Nachrichten betont und die guten praktisch ignoriert.
Es überrascht nicht weiter, daß eine der ersten Wegmarkierungen auf meiner Straßenkarte mich anwies, es meinen Eltern nachzutun und arbeitssüchtig zu werden. Das wurde ein stark ausgeprägter Teil meines Ich. Die erste praktische Anwendung dieser Moral lautete, ich müsse so hart wie möglich arbeiten, um eine gute Ausbildung zu bekommen, damit ich mir all die materiellen Dinge anschaffen konnte, die meine Eltern sich nie leisten konnten. Erst als Erwachsener erfuhr ich, daß ich eine Lesestörung hatte, die mir den üblichen Ausbildungsweg sehr erschwerte.
Ein weiterer Teil des Spielplans, den ich mir für mein Ich aneignete, bestand darin, zuerst niemandem zu trauen und niemals einen Zweifel zu jemandes Gunsten auszulegen. In meiner Familie wurden Stolz, gute Leistungen und die Meinung anderer über uns weit mehr geschätzt als alles andere.

❦

Für uns alle gehört es zu den schwierigsten Dingen im Leben, zu entscheiden, welcher Straßenkarte wir folgen. Jeden Tag müssen in sämtlichen Bereichen unseres Lebens Entscheidungen getroffen werden. Und weil die meisten von uns sowohl das Leben als auch unseren Verstand für etwas sehr Komplexes halten, erscheint uns auch die Entscheidungsfindung als eine komplexe Angelegenheit. Das Ich ist sehr geschickt, wenn es darum geht, die simple Wahrheit vor uns zu verbergen, daß jede Entscheidung entweder auf Liebe oder auf Angst beruht. Es versucht auch die Tatsache im dunkeln zu halten, daß all unsere Entscheidungen nur zwei mögliche Folgen haben können: Glück oder Unglück.
Ich habe die meiste Zeit meines Lebens irrtümlicherweise geglaubt, daß ich mich bei meinen sämtlichen Entscheidungen auf das berufen müsse, was ich aus früheren Erfahrungen gelernt hatte. Von meiner

Vergangenheit ausgehend, verbrachte ich mehr Zeit, als ich heute gerne zugestehe, damit, zu entscheiden, vor wem ich Angst haben mußte, wem ich trauen konnte und wer ein potentieller Feind war. Ich dachte, sämtliche Entscheidungen würden auf Angst beruhen; mir war nicht klar, daß eine Entscheidung auch auf Liebe basieren kann. Meiner Ansicht nach waren in meiner Kindheit 98 Prozent der Entscheidungen, die meine Eltern trafen, von Angst bestimmt. Damals trafen sie sämtliche Entscheidungen für mich und ließen mir keine Wahl. Bei den seltenen Gelegenheiten, wo mir später erlaubt wurde, selbst zu entscheiden, geriet ich in Panik und war sicher, daß sich jede Entscheidung, die ich traf, als falsch erweisen würde. Natürlich erfüllte ich diese negativen Prophezeiungen dann auch und bewies damit mir und der Welt, daß meine schlimmsten Ängste gerechtfertigt waren.

❦

In meiner Familie gab es ein Wochenendritual. Wir machten nachmittags mit dem Wagen einen Ausflug und gingen anschließend am frühen Abend zusammen ins Kino. Interessant ist, wie wir den Film auswählten. Die Neigung zu Schuldgefühlen und Leiden war so stark, daß niemand von uns in dieser Situation sagen konnte, welchen Film er sich gern anschauen würde – denn das hätte zum Anlaß dafür werden können, daß wir Schuldgefühle bekamen. Jeder von uns versuchte zu einer Entscheidung zu gelangen, indem er sich überlegte, was die restliche Familie wohl gern sehen würde. Das endete meistens damit, daß wir uns Filme anschauten, die keiner von uns sehen wollte. So erlebten wir zwar Zusammengehörigkeit, aber sie beruhte auf Leiden.

Ohne Karte

Offensichtlich gibt es auf der Welt hinsichtlich der Frage, wie wir Entscheidungen treffen und welcher Landkarte wir folgen sollen, nicht viel Übereinstimmung. Auf die eine oder andere

Weise verwenden die meisten von uns außergewöhnlich viel Energie auf den Versuch, Entscheidungen zu treffen, die der Befriedigung von Wünschen dienen sollen, die wir durch unsere physischen Sinne erfahren. Aber auch wenn wir diese Ziele erreichen, hält die Befriedigung nicht an. Wieder und wieder landen wir bei einem Gefühl der Frustration.

Trotz unserer Enttäuschung fahren wir fort, den Genüssen der äußeren Welt hinterherzujagen und uns an materielle Dinge zu hängen, nur um dann festzustellen, daß sie uns weder dauernden Frieden noch Glück bringen.

Wie viele andere auch, habe ich auf meiner Lebensreise zahlreiche verschiedene und oft widersprüchliche Ziele entwickelt und versucht, mit ihnen allen herumzujonglieren. Ich wollte zum Beispiel ein hingebungsvoller Ehemann und Vater sein, aber auch ein Arzt, der seine ganze Zeit den Patienten widmete. Die Folge war, daß ich beim Zusammensein mit meiner Familie das Gefühl hatte, meine Patienten zu vernachlässigen, und wenn ich mich meinen Patienten zuwandte, glaubte ich, meiner Rolle als Vater und Ehemann nicht nachzukommen.

Meine Ziele wechselten so schnell, daß ich oft durcheinander kam und mein unmittelbarstes Ziel vergaß oder sogar die Richtung verlor, die ich gerade zu verfolgen glaubte. Es war, als hätte ich Teile von vielen verschiedenen Karten gesammelt und versucht, diese zusammenzustückeln. Aber sie alle führten zu sinnlosen Zielen, oder ich reiste für kurze Zeit auf einem Weg, nur um zu entdecken, daß er mich nirgendwo hinführte.

❦

Ich bin davon überzeugt, daß unser wahrer Geisteszustand Ganzheit ist, eine Ganzheit, die nur die reine Liebe enthält. In diesem Zustand ist unser Geist eins mit allen anderen, und wir fühlen uns auf immer geliebt, ewig liebend und für immer rein. Wenn wir uns von der Liebe und von Gott isolieren, halten wir uns für unabhängig von Gott und unserer Umgebung und fühlen uns getrennt und einsam. Dieser abgetrennte Teil des Geistes, voller Gedanken, die auf Angst und

Schuldgefühlen beruhen und wenig Raum für Liebe lassen, ist das Ich.

Ich habe viel Zeit meines Lebens damit verbracht, der Stimme meines Ich zu gehorchen und der Gegenwart der Liebe, der Stimme der Liebe, meine Wahrnehmung zu entziehen. Sie ist einfach unter den Schuldgefühlen verschwunden, an denen ich festhielt. Schuldgefühle und Angst sind so miteinander verwoben, daß sie nicht getrennt werden können. Liebe und Schuldgefühle können ebensowenig zusammen existieren wie Liebe und Angst.

Wenn ich der ängstlichen und schuldbewußten Stimme meines Ich lausche, klingt sie wie folgt: »Du weißt nicht, was du tust oder wie man Entscheidungen triffst. Jedesmal, wenn du eine Entscheidung fällst, ist sie falsch. Du hast oft versagt und wirst auch weiterhin versagen. Außerdem solltest du dich für die gräßlichen Dinge schämen, die du früher getan hast. Du bist ein gemeiner Mensch. Du verdienst Leiden und Strafe. Los, greife dich wieder an und verletze dich. Gib zu, daß du im Leben ganz verloren dastehst. Du hast ein großes Durcheinander angerichtet, und es gibt keinen Ausweg aus diesem Müllberg, den du selbst zusammengetragen hast. Du kannst von hier aus gar nichts erreichen.«

Die Chance, die Stimme der Liebe zu hören, wenn Gedanken wie diese uns wie Blitz und Donner durchfahren und uns für sämtliche andere Stimmen im Kopf taub machen, ist äußerst gering. Und als ob es damit nicht genug wäre, entwickelt mein Ich das Bild, daß ich ein Opfer der Welt bin, die ich sehe, und daß die Ursache für meine sämtlichen Probleme außerhalb von mir liegt. Mein Ich möchte nicht, daß ich für irgend etwas selbst die Verantwortung übernehme; es will, daß ich anderen die Schuld gebe.

Die Wegweiser, die im Straßennetz meines Ich aufgestellt sind, heißen Sorge, Zweifel, Unsicherheit, innerer Widerstreit und selbstgerechter Ärger.

Die Karte des Ich beruht auf »Nehmen« und führt uns zu weiteren Illusionen. Die Karte der Liebe dagegen basiert auf »Geben« und leitet uns zu innerem Frieden.

Heutzutage ist die Welt in Aufruhr. Viele Menschen hungern, und das Gespenst der nuklearen Vernichtung verfolgt den Planeten ständig. Wohin wir auch blicken, finden wir Beispiele, die das Ich dazu benutzen kann, seine Position zu untermauern, daß die Welt ein schrecklicher Ort sei und daß unsere Ängste daher mehr als gerechtfertigt sind. Aber bei meinen Reisen um die Welt finde ich viele Anzeichen für eine spirituelle Renaissance. Ich höre Menschen sagen, daß es auch eine andere, eine bessere Sicht der Welt geben müsse. Menschen beginnen die Werte in Frage zu stellen, die die Menschheit viele Jahrhunderte lang gefangengehalten haben.

Vielleicht gelangen wir schließlich doch zu der Entdeckung, daß die Straßenkarte für den Frieden nach innen führt und wir in unserem Herzen die Führung finden, die uns auf unserer Reise weiterhilft, die uns sagt, wie wir einen Zustand von Herz und Verstand erreichen können, in dem statt Schuld, Angst und Ärger nur Liebe und Glück existieren.

In Wirklichkeit stehen nur zwei Karten zur Auswahl: die Karte der Liebe und die Karte des Ich. Jede Entscheidung, die wir im Leben treffen, orientiert sich an einer dieser Karten.

Der Bestimmungsort der Karte der Liebe, die auf dem Gott der Liebe und der Liebe Gottes beruht, heißt immerwährender Frieden, Freude und Glück. Ihr einzigartiges Ziel ist innerer Frieden. Sämtliche Straßen auf dieser Karte führen zu Brücken des Vergebens, Brücken, die jeder überqueren muß, der glücklich sein will. Alle Straßen dieser Karte liegen im Licht.

Im Gegensatz dazu basiert die Karte des Ich auf den falschen Göttern der Angst. All ihre Straßen führen zu Brücken des Nicht- Vergebens. Wenn wir sie überqueren, gelangen wir zum Bestimmungsort unseres Ich, einem Ort voller Konflikte, Ärger, Zweifel und Unglück. Alle Straßen dieser Karte liegen im Dunkeln.

Uns daran erinnern, daß wir die Wahl haben

Es erfordert Arbeit, uns daran zu erinnern, daß wir die Wahl haben. Es erfordert Disziplin und die Bereitschaft, unseren Verstand umzuschulen, um vieles von dem, was wir gelernt und geschätzt haben, verlernen zu können. Alles im Leben beruht auf den Gedanken, die zu merken wir uns entscheiden, sowie auf unserer Bereitschaft, unsere Glaubenssysteme zu verändern.

Wir haben die Freiheit, die Karte der Liebe zu wählen, zu glauben und schließlich auch zu wissen, daß unsere wahre Identität keine physische, sondern eine spirituelle ist. Wir können anfangen, uns von den begrenzten Glaubenssystemen unseres Ich abzuwenden und den Glauben wählen, daß wir Liebe sind und daß Liebe unser Wesenskern ist. Wir können beschließen zu glauben, daß wir in Wirklichkeit im Herzen Gottes zu Hause sind, das wir trotz allem Anschein niemals wirklich verlassen haben.

Es hängt von uns ab, welche Karte wir für unsere Reise benutzen. Niemand kann uns diese Entscheidung abnehmen. Wählen wir Liebe, oder wählen wir Angst?

Heute sah ich ein Unkraut,
so majestätisch schön
wie die vollkommenste Blume.

Sollte es wirklich so sein,
daß das Leben sich uns immer so zeigt,
wie wir beschließen es wahrzunehmen?

2

Die frühen Jahre meines Ich

Heute habe ich erfahren,
daß Tränen in mir sind,
wenn mein Brustkorb sich anfühlt
wie in einem Schraubstock
und meine Atmung beengt ist –
innere Tränen,
die geweint werden wollen.

Die meisten von uns wählen einen Lebensweg, der von der Karte des Ich bestimmt wird. Die beste Möglichkeit zu demonstrieren, wie das in unserem Leben vor sich geht, sehe ich darin, mein eigenes Leben als Beispiel anzuführen. Dabei kann ich Ihnen zeigen, wie mein Leben sich veränderte, als ich begann, der Karte der Liebe zu folgen.

Mein Kampf mit Gott begann schon sehr früh in meinem Leben und wird jedesmal, wenn ich andere oder mich selbst verurteile oder beschuldige, wieder neu entfacht. Die Schlacht beginnt jedesmal von neuem, wenn ich an meinem Ärger oder Groll auf einen anderen Menschen festhalte oder wenn ich anderen oder mir selbst meine Liebe entziehe. Meine Vergangenheit ist voll von Erfahrungen, die zur Entwicklung dieser Einstellungen und Emotionen geführt haben.

❦

Wenn Sie etwas sehr dringend möchten und nicht bekommen, schaffen Sie alle Bedingungen, die nötig sind, um das Ich zu aktivieren. Das Ich ist die Seite des Verstandes, die sich auf die Bedürfnisse des Körpers und der Persönlichkeit konzentriert und uns von unserem spirituellen Selbst abspaltet. Es gedeiht auf dem Boden von Enttäuschungen, und seinen Einfluß auf unser Leben verdankt es der Angst und den Schuldgefühlen, die es erzeugt. Das Ich erzeugt auch die Illusion – und das ist wirklich eine Illusion – einer Spaltung zwischen uns und Gott, obwohl eine solche Spaltung in Wirklichkeit gar nicht möglich ist.

Ich kann mich noch immer daran erinnern, wie ich meinem Ich das erste Mal bewußt gegenüberstand, und vielleicht war das der Zeitpunkt, zu dem mein Kampf mit Gott tatsächlich begann. Ich war etwa vier Jahre alt. Mein Bruder wollte mit einigen Freunden ausgehen, und ich wollte mit. Er wollte mich jedoch nicht als Anhängsel dabei haben, und meine Mutter unterstützte ihn darin. Ich erinnere mich an meine Enttäuschung, meinen Ärger und meine Tränen. Ohne zu der Zeit die Bedeutung des Wortes zu kennen, war dies mein erster echter »Groll« auf andere Menschen.

Ich war wütend auf meine Mutter und meinen Bruder, denn in meinen Augen waren sie der Grund für meine Aufregung. Obwohl ich das Wort »Opfer« zu der Zeit mit Sicherheit ebensowenig kannte wie das Wort »Groll«, weiß ich genau, daß ich mich als Opfer fühlte und meinen Ärger völlig gerechtfertigt fand. Schon in diesem frühen Alter übernahm ich die Lehren meiner Umgebung. Ich lernte das Ich-Prinzip, daß ich, wenn etwas in meiner Welt nicht so lief, wie ich es wollte, jemanden oder etwas finden mußte, dem ich die Schuld daran geben konnte.

Ich bin ganz überwältigt, wenn ich mir vor Augen führe, wie oft ich in dieses Verhaltensmuster verfallen bin, als Kind wie als Erwachsener. Ich glaubte an das Gesetz des Ich, daß ich enttäuscht zu sein hatte, wenn ich etwas wollte und nicht bekam. Wenn die Enttäuschung andauerte, mußte man ärgerlich werden, anderen Menschen Vorwürfe machen und an seinem Ärger festhalten.

❦

Wie ich früher schon erwähnte, kamen meine Eltern beide aus Familien, in denen Angst und Unruhe herrschten und alle extrem hart arbeiteten. Meine beiden Brüder und ich hatten viele Haushaltspflichten, und in unseren Ferien arbeiteten wi{r im Geschäft unserer Eltern. Zusätzlich verkaufte ich Zeitungen wie *Liberty* und *Saaturday Evening Post*. Für Entspannung war kaum Zeit. Immer gab es noch mehr zu tun, und alles war brandeilig.

Meine Eltern glaubten, der einzige Weg, etwas zustande zu bringen, sei der, es selbst zu tun und keinem anderen Menschen Arbeit anzuvertrauen. So trauten sie zum Beispiel der Bank niemals ganz. Sie hatten ein Konto bei der Bank, überwiesen aber niemals ihr ganzes Geld dorthin. Sie brachten uns bei, fremden Menschen gegenüber stets verschlossen zu sein und ihnen erst dann zu vertrauen, wenn wir sie gut genug kannten.

Obwohl meine Eltern sich für religiöse Menschen hielten, gingen wir selten zum Gottesdienst. Gott schien nicht sehr viel damit zu tun zu haben, wie ein Mensch durchs Leben kam.

Weil mein Vater keine richtige und meine Mutter nur eine lückenhafte Ausbildung hatte, waren sie entschlossen, dafür zu sorgen, daß ihre Kinder in der Schule gute Leistungen brachten. Manchmal denke ich, meine Eltern hatten an meine Ausbildung so hohe Ansprüche, daß sie mich am liebsten schon in der zweiten Klasse auf die Harvard School (eine der diszipliniertesten und renommiertesten Schulen der USA, *Anm.d.Ü.*) geschickt hätten, wenn ihnen das möglich gewesen wäre.

Meine Brüder Les (neun Jahre älter als ich) und Art (sechs Jahre älter als ich) waren in der Schule sehr gut. Als ich Jahre später dieselbe öffentliche Schule besuchte wie sie, erwarteten meine Lehrer von mir die gleichen Leistungen wie meine Brüder sie erbracht hatten. Was für eine Enttäuschung ich war, nicht nur für meine Lehrer, sondern auch für meine Eltern und für mich selbst!

Das Gefühl zu versagen hatte ich zum ersten Mal im Kindergarten. Während all meine Freunde in die erste Klasse kamen, stellte man mich zurück. Ich bin sicher, daß man mir eine freundliche Erklärung dafür lieferte, aber ich erinnere mich nur noch daran, daß ich mir dumm vorkam. Ich war außerordentlich schüchtern und erschien als unreifes, ängstliches und überhaupt nicht selbstsicheres Kind.

Eines Tages bekam ich im Kindergarten einen Brief mit nach Hause. Ich sollte beim Weihnachtsspiel mitmachen, und meine Lehrerin bat meine Eltern um Erlaubnis, mich im Chor mitsingen zu lassen.

Bei der Probe wanderte die Musiklehrerin in der Klasse umher und lauschte, wen sie da zu tief singen hörte. Sie fand schnell heraus, wer es war: ich. Sie bat mich höflich, die Worte bei der Vorstellung nur unhörbar mit dem Mund zu formen und auf keinen Fall laut zu singen. Mein Ich machte sich mit aller Kraft bemerkbar, und ich erfuhr, was es heißt, sich abgelehnt zu fühlen. Ich hatte das Gefühl, als presse eine riesige Faust meinen Magen und mein Herz zusammen. Meine Angst und meine Ich-Stimme erzählten mir, ich solle mich an diesen Schmerz gewöhnen, weil ich ihn immer und immer wieder erleben würde.

Alles wurde noch schlimmer, als ich schließlich in die erste Klasse kam. Ich war unfähig, lesen und buchstabieren zu lernen. Was ich auch tat – es ging daneben.

Die Lehrer teilten die Schüler in Leistungsgruppen ein. Um das Leistungsniveau der einzelnen Gruppen zu verschleiern und die Kinder vor dem Makel einer offensichtlicheren Rangordnung zu schützen, erhielten diese Gruppen Namen wie blauer Vogel, schwarzer Vogel und roter Vogel. Trotzdem war jedem die Bedeutung dieser Namen klar, und ich wußte ganz genau, daß ich zur Gruppe der schlechtesten Schüler gehörte.

Ich hatte in jeder Hinsicht Schwierigkeiten damit, Anweisungen aufzunehmen und zu behalten. Ich hatte kein sequentielles Gedächtnis und konnte mir nicht mehr als eine Aufgabe auf einmal einprägen oder sie befolgen. Meine Lehrer und meine Eltern sagten mir, ich sei faul und nicht motiviert.

Erst als ich mit der medizinischen Hochschule anfing, entdeckte ich, daß ich unter Dyslexie litt, einer bestimmten Lernstörung.

Meine Eltern brauchten sich um die schulischen Leistungen meiner Brüder niemals Sorgen zu machen. Sie waren beide gute Schüler. Aber ich hatte mit der Schule wirklich zu kämpfen. Ich bin sicher, meine Eltern waren über die Ursachen für meine schlechten Leistungen ebenso im Ungewissen wie ich. Das Beste, was sie tun konnten, war, mehr Druck auf mich auszuüben, damit ich bessere Noten bekam. Obwohl ich sicher bin, daß sie es nicht so meinten, hatte dieser Druck für mich die Bedeutung: »Wir werden dich sehr lieb haben, wenn du bessere Noten in der Schule bekommst; wenn du schlechte Noten heimbringst, werden wir dich weniger lieben und dir vielleicht sogar unsere Liebe entziehen.«

Wie es so oft Wirkung der schulischen und elterlichen Erziehung ist, lernte ich zumindest eines: ein weiteres Gesetz des Ich, das besagt, gute Leistungen seien eine Grundvoraussetzung dafür, geliebt zu werden.

Vom Verstand her waren mir die Bedingungen für Liebe klar. Aufgrund meiner mangelnden Leistungen war ich nicht liebenswert. Ungeschickt und hyperaktiv, konnte ich mich noch so sehr bemühen – meine Leistungen brachten mir immer negative Reaktionen ein.

Schon bald wurde ich mit der Art der Erwachsenen vertraut, mich zu messen und zu bewerten, und mein Ich war voll dabei. Da diese

Welt mich wegen meiner schlechten Leistungen attackierte, lernte ich schnell, mich auch selbst zu verurteilen und anzugreifen.
Ich kann mich daran erinnern, daß das, was ich als Kind über das Lügen lernte, sehr verwirrend für mich war. Besonders deutlich ist mir ein Tag vor Augen, an dem meine Mutter mir einen Vortrag über Ehrlichkeit hielt. Gerade da klopfte jemand an der Haustür. Meine Mutter wies mich an, die Tür zu öffnen und dem Besucher, ganz gleich wer es war, zu sagen, sie sei nicht zu Hause. Ich sagte ganz naiv: »Aber das ist doch eine Lüge!« Sie erwiderte: »Das ist überhaupt keine Lüge. Es ist eine Notlüge, und Notlügen sind in Ordnung, weil sie niemandem wehtun.«
Allmählich begriff ich, daß meine Eltern auch nur Menschen waren und nicht immer in die Tat umsetzten, was sie predigten. Und ich erfuhr, wie wenig Selbstvertrauen sie hatten. In dieser Zeit brachte mein Ich mir immer wieder bei, mir selbst, anderen Menschen und Gott zu mißtrauen.

Die Gesetze der Welt lernen

Als ich fünf Jahre alt war, entdeckte ich, daß nichts ewig dauert. Die Vorstellung vom Sterben war mir noch fremd, und ich glaubte wohl nicht, daß es wirklich so etwas wie den Tod gab.
Wir hatten einen Nachbarn, der eine Zeitlang krank gewesen war. Als mir eines Tages auffiel, daß ich ihn länger nicht gesehen hatte, fragte ich meine Eltern, wo er wäre. Sie sagten mir, er sei gestorben und in den Himmel gekommen, aber diese Antwort befriedigte mich nicht. Trotzdem blieb ich mit dem Gedanken zurück, daß ich eines Tages sterben würde und das mein Ende wäre. Ich würde dann nicht mehr mit meinen Eltern und meiner Familie zusammensein. Das war ein schrecklicher Gedanke, und ich vergrub ihn für viele Jahre im hintersten Winkel meines Denkens.
Als Kind war ich in ständiger Verwirrung über männliche und weibliche Rollen, und das hat sich bis in meine Erwachsenenjahre fortgesetzt. Zurückblickend kann ich sehen, daß ich immer Angst vor intimen Beziehungen mit den Vertreterinnen des anderen Ge-

schlechts hatte. Die wenigen Male, als ich mich für enge Beziehungen mit Frauen entschied, wählte ich immer Frauen aus, die meiner Mutter ähnlich waren. Was männliche Freunde betrifft, so hatte ich immer eine Menge oberflächlicher Freundschaften, ließ aber nur selten zu, daß mir jemand wirklich nahekam.

Als Jugendlicher trug ich so viele Masken, die vor der Welt verbergen sollten, wer ich wirklich war, daß auch ich selbst mich nicht kannte. Mein Leben war voller Widersprüche und Heucheleien.

Einer der größten Widersprüche bestand darin, daß ich äußerst schüchtern und trotzdem Anführer meiner High School Schlachtenbummler-Gruppe war. Das war einfach ein weiterer Versuch, die Tatsache zu verbergen, daß in dieser Muschelschale, Körper genannt, eine sehr dumme und unzulängliche Person steckte. Ich war auch ein sehr angepaßter Mensch – oder versuchte zumindest, einer zu sein – und verbrachte mehr Zeit, als ich mir rückblickend gern eingestehe, mit dem Versuch, ein gehorsamer Sohn zu sein. Es fiel mir schwer, Risiken einzugehen oder Entscheidungen zu treffen, und tatsächlich nahmen meine Eltern mir die meisten Entscheidungen ab.

Mit sechzehn, als mein Freund bei einem Autounfall starb, traf ich meine erste wichtige eigene Entscheidung. Ohnehin hatte ich kaum an Gott geglaubt, doch nun schien dieser sinnlose Tod mir den endgültigen Beweis dafür zu liefern, daß es Gott überhaupt nicht gab. Ich beschloß, niemals wieder einen Gottesdienst zu besuchen. Zum ersten Mal in meinem Leben gelang es meinen Eltern nicht, mich von meinem Standpunkt abzubringen.

Meine Entscheidung schenkte mir weder Ruhe noch Frieden. Im Gegenteil – ich war voller Ärger, Vorwürfe und innerer Konflikte.

Trotz der vielen verwirrenden Botschaften meines Ich kann ich beim heutigen Rückblick auf meine High School-Tage sehen, daß ich selbst zu dieser Zeit eine innere Führung hatte. Ich erinnere mich daran, wie ich einmal einen Aufsatz darüber schrieb, was ich in meinem Leben gerne tun wollte. Meine Grammatik und mein Satzbau waren dürftig, aber mein Lehrer gratulierte mir zur Aufrichtigkeit des Inhalts. In dem Aufsatz schrieb ich, daß ich Arzt werden

und zu Veränderungen beitragen wollte, indem ich anderen Menschen half.
Schon damals erhielt ich die innere Anweisung, Psychiater zu werden. Ich nehme an, daß ich diesen Beruf ergriff, um mir selbst zu helfen, indem ich das verängstigte Kind in mir kennenlernte und unterstützte. Wenn ich heute zurückblicke, glaube ich, daß meine Mutter mich mit beeinflußte, in diese Richtung zu gehen. In meiner Jugend gab es eine Radiosendung mit dem Titel »Fragen Sie Herrn Anthony«. Es war eine der ersten Hörersendungen, bei denen Menschen anriefen, um sich Hilfe für ihre Lebensprobleme zu holen. Sie war die Lieblingssendung meiner Mutter, die sie sich oft anhörte. Vielleicht war diese Sendung auf ihre Weise eine Straßenkarte für unser beider Leben.

Für das Ich ist das Leben ein einziges Versteckspiel.
Wir verstecken die Liebe, die in uns ist, vor uns selbst,
um sie dann außen zu suchen, wo
sie niemals gefunden werden kann.

3

Der Kampf geht weiter

So wie Stille die Fußstapfen Gottes bildet,
sind Geschwätz, Lärm und die Geschäftigkeit der Welt die Fußstapfen
des Ich.

Zu Beginn meiner Erwachsenenjahre erreichte mein Kampf mit Gott seinen Höhepunkt. Mein Ich überzeugte mich davon, daß die Welt ein äußerst schmerzlicher Ort sei, und meine ständig wachsende Angst vor Ablehnung nahm mich völlig in Anspruch. Meine Lebensweise, mit der ich meiner bruchstückhaften und oft widersprüchlichen Straßenkarte folgte, war ein ständiger Beweis dafür, daß wir das bekommen, was wir erwarten. Ich war davon überzeugt, daß ich derjenige war, den es treffen würde, sollte etwas Schlimmes geschehen.
Obwohl ich Gott einerseits ablehnte, hatte ich andererseits doch das Gefühl, daß Gott mich für all meine Missetaten bestrafte. Ich glaubte sogar für Dinge bestraft zu werden, von denen ich noch nicht einmal wußte, daß ich sie getan hatte.

Wenn das Ich uns beibringt, Ärger und Haß Wert beizumessen, bleibt kein Raum für inneren Frieden und ein liebevolles Herz. In dem Augenblick, wo wir die Vorstellung annehmen, Opfer zu sein, beginnen Angst und Ärger unser Leben zu regieren. Während meiner ersten Erwachsenenjahre fand ich ständig Situationen vor, die mir – zumindest aus meiner Sicht – bestätigten, daß ich ein Opfer war und daß mein Ärger nicht nur vernünftig, sondern auch gesund war. Wenn wir glauben, unser Ärger sei gerechtfertigt, können wir uns zumindest einer Sache sicher sein: daß unser Ziel nicht in innerem Frieden besteht. Ich habe in meinem Leben enorm viel Zeit mit dem Versuch verbracht, meinen Ärger zu rechtfertigen. Wenn Sie sich angestrengt umschauen, können Sie Gründe für Ihren Ärger jedesmal dann finden, wenn ein anderer Mensch Ihnen nicht gibt, was Sie wollen, oder die Dinge nicht in Ihrem Sinne laufen. Auch wenn ich glaubte, mir inneren Frieden zu wünschen, bewies ich mit meinem Verhalten immer wieder, daß das gar nicht mein Ziel war.

Sind wir hier, um zu helfen oder um zu töten?

Ein Jahr vor meinem Abschluß an der High School brach der Zweite Weltkrieg aus. Ich war siebzehn Jahre alt – im wehrdienstpflichtigen Alter. Ich war wie gelähmt bei der Vorstellung, einen anderen Menschen töten zu müssen oder selbst getötet zu werden. Die ganze Idee des Krieges kam mir verrückt vor, so verrückt, daß ich ernsthaft überlegte, Kriegsdienstverweigerer zu werden, auch wenn mir klar war, daß eine solche Entscheidung als außerordentlich unpatriotisch betrachtet werden würde und ich mir damit den Zorn und die Ablehnung fast sämtlicher Menschen zugezogen hätte, die ich kannte.

Etwa um diese Zeit hörten einige meiner Freunde und ich von dem neuen V-12-Programm der Kriegsmarine, das entwickelt worden war, um Studenten auf das College und die medizinische Hochschule zu schicken, wo sie ihren Abschluß als Offiziere machen würden. Es schien eine Lösung für meine Probleme zu sein, weil ich auf diesem Wege mit meiner Ausbildung fortfahren, anderen helfen und vom Kampfeinsatz freigestellt werden konnte.

Nach einigen Schwierigkeiten wurde ich in das Programm aufgenommen und für eine vormedizinische Ausbildung an die Universität von Kalifornien nach Berkeley geschickt; später kam ich an die medizinische Hochschule von Stanford. Ich hatte enorme Angst, den College-Abschluß nicht zu schaffen, und eine Seite in mir war überzeugt davon, daß ich durchfallen würde. Zu dieser Zeit entdeckte ich auch, daß meine Leseschwierigkeiten auf Dyslexie beruhten. Mir ist heute noch nicht klar, wie ich es schaffte, mich irgendwie durchzumogeln. Vielleicht war es reine Entschlossenheit, eine Eigenschaft, die meine Eltern mir beigebracht hatten und für die ich sehr dankbar bin.

1944 wurde ich einem Marinehospital in der Nähe von Oakland zugewiesen, wo ich eine weitere Lektion zu dem Thema erhielt, wie unsere Gedanken unsere Wirklichkeit erzeugen. Ich arbeitete auf der

Station für geistig gestörte Patienten. Mein Hauptaufgabe bestand darin, Einläufe zu machen und die Toiletten für die sonnabendliche Inspektion des Kommandanten zu reinigen. Der Kommandant trug einen weißen Handschuh, mit dem er über sämtliche Flächen fuhr. Fand er irgendwo Staub oder Schmutz, wurde einem der Wochenendausgang gestrichen. Ich muß wohl kaum erwähnen, daß ich die meisten Wochenenden im Hospital verbrachte.

Monate später wurde ich ins Labor versetzt. Nach einer kurzen Einweisung wurde mir die Aufgabe übertragen, den Stuhl der Patienten zu untersuchen, die neu eingewiesen wurden. Vier Wochen später wurde der Leiter der Abteilung versetzt, und ich bekam seinen Posten. Meine Freunde verliehen mir sofort den Titel »Oberscheißer«.

Wenn Sie – wie ich in jenen Tagen – an Ihr Ich glauben, gehen Sie davon aus, daß die Zukunft bis in alle Einzelheiten von der Vergangenheit geprägt wird. Also betrachtete ich dieses Ereignis als ein prophetisches: es bedeutete mit Sicherheit, daß es mein Schicksal war, im Schmutz der Welt zu leben. Und wieder sagte mein Ich mir, daß Gott, wenn er existierte, nur ein strafender Gott ohne jede Liebe sein könne.

❦

Nach meinem Eintritt in die medizinische Hochschule stellte ich fest, daß ich ungeheuer viel auswendig lernen mußte, was mir aufgrund meiner Dyslexie sehr schwer fiel. Um überhaupt mitzukommen, mußte ich mehr arbeiten als andere. Mein Ich war ständig im Dienst, weil wir so viele Prüfungen machen mußten. Der Konkurrenzkampf war enorm, und aufgrund meiner Minderwertigkeitsgefühle lebte ich ständig in einem Zustand der Angst. Wenn wir an solchen Gefühlen festhalten und sie uns sehr real vorkommen, läßt unser Ich mit seinem Denken nicht zu, daß wir inneren Frieden überhaupt für möglich halten.

Histologie (Gewebelehre) war aufgrund meines gestörten räumlichen Orientierungssinns als Dyslexiker besonders schwierig für mich. Aber in Anatomie war ich gut, weil ich hier mein kinästhetisches Gedächtnis benutzen konnte und mich nicht auf das Auswendiglernen verlassen mußte. Ich war auch ganz gut in klinischer Medizin und der Patientenpflege, weil ich eine ausgeprägte Intuition besaß.

Trotzdem war jede Minute auf der medizinischen Hochschule für mich ein Kampf. 1950 machte ich mit unverändert geringer Selbstachtung den fast schlechtesten Abschluß meiner Klasse.

Ich akzeptierte immer noch die Karte meines Ich, die mir zeigte, daß der Sinn meines Lebens im Leiden bestand. Mein Leben lieferte mir nur selten Beweise, die diese Überzeugung hätten widerlegen können. Ich erinnere mich nur an eine Ausnahme, die eine Frage meines lieben Freundes Hugh Prather wieder in mir wachrief.

»Jerry«, sagte er, »ich weiß, daß du die meiste Zeit deines Lebens ein überzeugter Atheist gewesen bist. Aber hat es nicht mal eine Zeit gegeben, wo du einen winzigen Augenblick lang die Gegenwart Gottes, die Gegenwart des Lichtes gespürt hast?«

Was mir da durch den Kopf schoß, war ein Vorfall, der 1948, in meinem vierten Jahr auf der medizinischen Hochschule, passiert war. Es war drei Uhr morgens, und ich assistierte bei der Geburt eines Babys. Es war meine erste Erfahrung mit einer Entbindung, und ich hatte keine Ahnung, wie berührt ich davon sein würde. Als das Baby kam, war es, als würde ein unvorstellbar strahlendes Licht den Entbindungsraum erhellen. Und dieses Licht stammte nicht von der elektrischen Beleuchtung im Zimmer.

Ich kann mich bis heute gut an die Freude, die Ehrfurcht und die Aufregung erinnern, die ich in diesem Augenblick verspürte. Ich hatte das Gefühl, daß das ganze Universum in glücklicher und freudiger Eintracht Zeuge bei der Geburt dieses Kindes war. Diese Erfahrung entzog sich meinem intellektuellen Verstand. Ein Feuer von Liebe und Glück entzündete sich in meinem Herzen, wie ich es bis zu diesem Augenblick noch niemals erlebt hatte.

Ich wußte mit Sicherheit, daß wir – Mutter, Kind, Hebamme und ich – diesen kostbaren, zeitlosen Augenblick lang die Gegenwart Gottes erfuhren.

Leider hört man die Worte »Gott« und »Liebe« an den meisten medizinischen Hochschulen nicht sehr oft.

Das köstliche Gefühl, das ich bei der Geburt erlebte, dauerte bis acht Uhr morgens an und verschwand dann schnell, während ich zu den üblichen weltlichen Geschäften und der Hetzjagd des Studiums zurückkehrte und fortfuhr, alles, was ich erlebte, zu analysieren.

❦

Ich machte mein Praktikum im U.S. Public Health Hospital in Brighton, Massachusetts. Es war ein ausgezeichnet organisiertes Praktikum, das durch alle Abteilungen führte, und wir hatten die besten Berater von den Spitzenuniversitäten. Es gab keine Tests, keine Konkurrenz, und das hieß für mich, daß ich mich das erste Mal seit Jahren in einer freundlichen Umgebung befand.

Ich ging völlig in meiner Arbeit auf, machte Überstunden und genoß es. Es ist für mich erstaunlich zu sehen, wie unsere Selbstbezogenheit sich in Luft aufzulösen scheint, wenn wir voll davon in Anspruch genommen sind, anderen zu helfen. Außer in dem einen Monat, den ich auf der Tuberkulose-Station verbrachte, war ich relativ frei von meinen alten Kumpanen, Angst und Panik. Und nachdem ich die Mund-zu-Mund-Beatmung einer Frau überlebt hatte, die an Tuberkulose litt, verschwand auch meine alte Angst davor, an dieser Krankheit zu sterben.

Ich hatte kaum soziale Kontakte, aber das machte mir nicht wirklich etwas aus. Tatsächlich war es eine glückliche Zeit für mich. Ich verbrachte so viele Stunden auf Station, daß mein Ich kaum Zeit hatte, seine besessene Beschäftigung mit all meinen negativen Seiten wieder aufzunehmen. Mein Verhalten am Bett der Patienten schien ihnen Trost zu bringen. Sie wußten, daß ich Anteil nahm, und entwickelten sich gut unter meiner Anteilnahme. Ich gewann das Gefühl, daß ich der Welt vielleicht doch etwas zu geben hatte.

Spirituelle Lehrer haben oft gesagt, daß wir unseren inneren Frieden am besten finden können, wenn wir ganz darin aufgehen, anderen zu helfen. In dem Augenblick, in dem Sie die Belange einer anderen Seele über Ihre eigenen stellen, und sei es nur für einen kurzen Moment, können Sie Gottes Gegenwart am intensivsten spüren. Ich glaube heute, daß ich das unbewußt schon damals gespürt habe, aber

mein alter Widerstand gegen Gott war so stark, daß ich dieses Wissen nicht bewußt zuließ.
Mein Selbstbild sah so aus, daß ich das unbeholfene Kind aus meiner Vergangenheit immer noch in mir trug. Wenn ich einen Truthahn tranchierte oder ein Steak schnitt, war die Wahrscheinlichkeit groß, daß alles auf dem Fußboden landete. Stellen Sie sich also meine Überraschung vor, als der Chef- Chirurg ein besonderes Interesse an mir zeigte. Er behandelte mich mehr wie einen Sohn als wie einen Praktikanten und vermittelte mir das Zutrauen, daß es nichts gab, was ich nicht konnte. Während alle anderen Praktikanten hauptsächlich assistierten, ließ er mich operieren, während er mir assistierte. Ich führte alle möglichen Eingriffe aus – nahm Mandeln und Blinddärme heraus und operierte Brüche. Meine Finger waren flink und enorm geschickt, und es gab keine Anzeichen für den alten »unbeholfenen Jerry«. Hier geschah ein weiteres Wunder in meinem Leben, und trotzdem ließ ich das Wort in meinem Vokabular immer noch nicht zu. Ich tat Dinge, von denen ich geglaubt hatte, sie niemals zu können.
Der Chef-Chirurg meinte, ich würde einen großartigen Chirurgen abgeben und war enttäuscht, als ich ihm erzählte, daß ich immer noch Psychiater werden wollte.
Ich betrachte diese Erfahrung heute als eine der tiefgreifendsten in meinem Leben. Zum ersten Mal hatte ich Gelegenheit, mit einer Vaterfigur zusammenzuarbeiten, die meinen Fähigkeiten vollkommen vertraute. Natürlich gab es in mir immer noch die negative Stimme mit ihrem Schmalspurvokabular, das aus zwei Worten bestand – »Kann nicht«. Aber zum ersten Mal erfuhr ich bedingungslose Liebe und Akzeptanz. Der Chef-Chirurg setzte für mich einen entscheidenden Meilenstein, der mich auf das vorbereitete, was ich viele Jahre später erleben sollte, als ich anfing, Gottes bedingungslose Liebe bewußt zu akzeptieren.

Das Ich-Gesetz vom »Verlieren in jedem Fall«

Am Ende unseres Praktikums entdeckten wir, daß die Belegschaft unsere Leistungen heimlich bewertet hatte. Zu meinem Erstaunen schnitt ich von allen Praktikanten am besten ab. Ich bin sicher, daß Angst und Besorgnis meine Leistungen nachhaltig behindert hätten, wenn ich von der Bewertung gewußt hätte.

Man sollte denken, daß ich mich über meinen Erfolg sehr freute, aber mein Ich wollte davon nichts wissen. Als ich die Neuigkeiten erfuhr, schrie die Stimme meines Ich mir zu: »Wenn sie wüßten, wie du unter der Maske, die du trägst, in Wirklichkeit aussiehst, wie verdorben und unzulänglich du in Wirklichkeit bist, würden sie dir niemals diesen Respekt erweisen! Für all das, was du in deinem Leben getan hast, verdienst du Leiden und Strafen und keine Belohnungen!«

So erfuhr ich, daß mein Ich noch eine weitere Regel aufstellte: Ich sollte nicht nur vor dem Versagen, sondern auch vor Erfolg Angst haben. Was mein Ich betraf, so sollte ich sowohl für meine Erfolge als auch für mein Versagen leiden. Was ich auch tat, mein Ich war entschlossen, die Situation als »Verlieren in jedem Fall« zu betrachten. Ich lud Tonnen von Streß auf mich, nur um mich lebendig zu fühlen. Das Wort »Entspannung« tauchte in meinem Vokabular kaum auf. Es war deutlich, daß ich ebenso arbeitssüchtig wurde wie meine Eltern. Ich ging niemals, ich rannte. Versuchte ich, mich zu entspannen, kam das fast einer Sünde gleich. In vollkommenem Gehorsam gegenüber meinem Ich wich ich jedem Glück aus. Ich hielt mein Verhalten für erblich bedingt und dachte, ich könne nichts tun, um es zu verändern. Mein Ich hatte mich fest im Griff.

Mein Kampf mit Gott verlief oft ganz subtil. Ich glaubte, die Stimme der Angst sei die einzige Stimme, die es gäbe. Zumindest war es die einzige Stimme, der ich meine Aufmerksamkeit zu schenken beschloß. Während ich fortfuhr, die Angst zu meinem Idol zu machen, lag der Gedanke an Gott mir weiterhin fern.

Mir wurde gesagt, Geduld sei eine Tugend.
Wenn das stimmt, hatte ich die meiste Zeit meines Lebens
keinerlei Tugend.

4

Das Gesetz des Mangels

Besitzergreifend ist die Seele des Ich,
und grenzenlos sein Begehren,
Menschen und Dinge zu besitzen.

1953 heiratete ich Pat Powell. Zwanzig Jahre später ließen wir uns scheiden. Die Jahre nach der Scheidung waren für keinen von uns leicht. Es fiel uns beiden schwer, die Verletzungen der Vergangenheit loszulassen, und wir arbeiteten beide hart daran, Liebe und Harmonie in unsere Beziehung zurückkehren zu lassen.
Heute kann ich mit großer Freude sagen, daß die alten Spannungen zwischen uns verschwunden sind. Wir respektieren und lieben uns von ganzem Herzen. Vorwürfe und Schuldzuweisungen haben aufgehört.
Vor gar nicht langer Zeit zeigte Pat mir beim Mittagessen Fotos, die sie kürzlich von unserem ersten Enkelkind, Jacquelyn Armour Jampolsky, gemacht hatte.
Ich zeigte ihr den Rohentwurf für mein neues Buch und bat sie um Kommentare sowie um ihr Einverständnis, auch über unser gemeinsames Leben zu schreiben. Während wir über diese Dinge sprachen, dachte ich, welch wunderbare Lehrer wir füreinander gewesen sind, um Verzeihen und Annehmen zu lernen. Wir haben beide das Vertrauen, daß wir als lebenslange Herzensfreunde immer füreinander dasein werden, in guten wie in schlechten Zeiten. Wir wollen wirklich das Beste füreinander.
Ich bin so dankbar für diese Heilung unserer Beziehung. Es gab Zeiten, da hätte ich mir niemals vorstellen können, daß es dazu kommen würde.

Mein Ringen mit der Ehe und mit der Scheidung lehrte mich, daß ein grundlegendes Gesetz des Ich das Gesetz des Mangels ist. Auf Beziehungen angewendet besagt dieses Gesetz, daß uns beim Eintritt in diese Welt etwas fehlt. Und dann wird von uns erwartet, daß wir einen Menschen finden, der uns das fehlende Stück liefern kann. Wir gehen eine Beziehung mit ihm ein, um uns ganz zu fühlen.

Nach meinem Praktikum in Boston kehrte ich nach San Francisco zurück, wo ich zunächst Assistenzarzt und dann Chefarzt in der Neuropsychiatrie im Stanford-Lane Hospital wurde.

Obwohl ich als Arzt schnell Selbstvertrauen gewann, war ich bei gesellschaftlichen Anlässen weiterhin schüchtern, und es fiel mir schwer, um eine Verabredung zu bitten. Meine Angst vor Ablehnung hielt mich immer zurück. Zu der Zeit begegnete ich Pat.

Es erforderte sehr viel Mut, sie zu fragen, ob sie mit mir ausgehen würde, und ich war total überrascht, als sie Ja sagte. Pat verkörperte für mich all das, was ich mir von einer Frau immer erträumt hatte. In meinen Augen war sie die schönste Frau, der ich jemals begegnet war. Sie war außerordentlich intelligent, und – was äußerst wichtig war – sie nahm wirklich Anteil an anderen Menschen.

Pat war Logopädin am Kinderkrankenhaus in Oakland und hatte außerdem eine eigene Praxis. Sie war einer der freundlichsten Menschen, die ich jemals getroffen hatte. Das Zusammensein mit ihr war für mich sehr leicht und angenehm, und wir hatten vieles gemeinsam. Wir machten viele Picknicks und lange Spaziergänge am Strand. Wir liebten die Natur und genossen es, miteinander allein zu sein, und tanzten beide sehr gerne.

Wir verliebten uns rasend ineinander. Ich hatte nie zugelassen, daß ich einem Menschen so nahe kam, und hatte zum ersten Mal das Gefühl, wirklich verliebt zu sein. Die Verliebtheitsphase hatte auch ihre stürmischen Zeiten. Hin und wieder, wenn die Enge und wachsende Nähe unserer Beziehung mir angst machte, fing ich Streitereien an oder lief weg.

Ich erlebte mit Erstaunen, daß sie meine Gesellschaft wirklich genoß. Mein Ich war befriedigt, denn ich betrachtete mich selbst immer noch als ein unbeholfenes häßliches Entlein, und hier gab es

eine attraktive, intelligente Frau, der ich wirklich etwas bedeutete. Mein Ich, das die Ursache dafür war, daß ich mich selbst innerlich so leer fühlte, sah in Pat alles, was ich glaubte, selbst nicht aufzuweisen: Schönheit, Intelligenz, angenehme soziale Umgangsformen und die Fähigkeit zu lieben.
Bei den Partys, die wir während dieser Zeit besuchten, war ich ziemlich abhängig davon, daß Pat den Großteil der geselligen Kontakte pflegte. Sie konnte das so gut. Ich denke, in gewisser Weise klammerte sich der kleine Junge in mir an Pats Rockzipfel. Es war, als würde sie mir eine Verkleidung schaffen, in der ich normal auftreten konnte und gesellschaftlich vorzeigbar war.

❦

Wir hatten eine wunderbare Hochzeit und herrliche Flitterwochen. In der ersten Zeit unseres gemeinsamen Lebens war ich während des Koreakriegs im Travis Air Force Lager stationiert und pendelte zwischen hier und unserem Zuhause in San Francisco, einer schönen, aber billigen Wohnung auf Russian Hill, hin und her.
Wir arbeiteten beide sehr viel in unseren Berufen. Pat war eine ausgezeichnete Köchin, und wir hatten oft Gäste. Während Pat viele enge Freundschaften einging, hielt ich meine auf einer sehr oberflächlichen Ebene. Enge Freundschaften, in denen ich mich sicher genug fühlte, um mein Herz zu öffnen, konnte ich immer noch nicht zulassen.
Wenn in diesen Jahren jemand gewagt hätte, mir nahezulegen, ich sei ichbezogen, hätte ich das vehement abgestritten. Ich betrachtete mich als einen schwer arbeitenden Arzt, der vielen Menschen half. Wie blind wir doch sein können! Zurückblickend kann ich heute sehen, daß meine Ehe ganz auf meine Bedürfnisse und meinen Terminkalender zugeschnitten war. Und obwohl es mir in der Vergangenheit schwerfiel, das zuzugeben, kam meine Arbeit zuerst, und meine Ehe und Familie standen an zweiter Stelle. Pat und ich stritten darüber oft, aber ich rationalisierte ihren Standpunkt einfach mit der Begründung weg, daß die erfolgreichsten Ärzte ihr Leben ebenso führten wie ich.

Ich kann jetzt sehen, daß ich äußerst chauvinistisch war. Und trotzdem gab es diese andere Seite in mir, die mich als schwachen Menschen betrachtete, der Pat bei wichtigen Entscheidungen immer nachgab.
In einer Ehe, die auf selbstsüchtigen Interessen beruht oder in der der Mann dominiert, gibt es viel Angst. Und diese Angst stammt von der Angst vor Liebe. Das alles traf auf mich zu, aber mein Ich und seine enorme Kurzsichtigkeit ließen mich weiter schlafen und hielten die Wahrheit von mir fern.
Die ersten Jahre unserer Ehe fingen mit doppelten Martinis an; später ging ich dann zu Whisky über. Obwohl ich das damals nicht sah, wurde ich zum Alkoholiker. Ich redete mir ein, lediglich ein Gesellschaftstrinker, vielleicht auch ein starker Trinker, aber mit Sicherheit kein Alkoholiker zu sein. Und wieder einmal fand ich für mein Verhalten mir und anderen gegenüber Ausreden. Die Stimme meines Ich erzählte mir, daß alle meine Freunde genauso viel trinken würden wie ich, ohne daß sie Alkoholiker wären. Weil ich niemals tagsüber trank, glaubte ich mein Trinken unter Kontrolle zu haben. Aber das stimmte nicht.

❦

Unser Sohn Greg wurde am 26. Juli 1955 geboren. Ich erinnere mich, daß Pat und ich überglücklich waren über dieses Ereignis wie auch über die Geburt unseres zweiten Sohnes Lee zwei Jahre später. Die Kinder waren großartig. Pat war eine wunderbare Mutter, und ich hatte sehr viel Freude an meiner Vaterrolle – obwohl ich zugegebenermaßen nicht sehr viel zu Hause war. Tatsächlich begann Pat sich zu beklagen, weil ich so selten daheim war, aber ich fegte ihre Vorwürfe beiseite. Ich war der Meinung, daß ein Arzt zuerst für seine Patienten dasein mußte und erst an zweiter Stelle für seine Familie.
Im Sommer fuhren wir mit den Kindern zelten, mieteten uns ein Hausboot und gingen angeln. Carmel in Kalifornien war unser Lieblings-Urlaubsort. Schließlich kauften wir uns dort ein eigenes Haus und verbrachten viele glückliche Stunden am Strand und beim Tennisspielen.

Manchmal können sich Menschen durch ein Unglück auf unerwartete Weise näher kommen. Als unsere Kinder noch sehr klein waren, brannte unser Haus in Tiburon ab. Die Kinder waren zu der Zeit im Haus. Pat war beim Zahnarzt, und ich war auf der Arbeit. Ich eilte nach Hause und fand die Kinder in Sicherheit vor, aber das Haus war mehr als zur Hälfte zerstört.

Das einzig Wichtige war für Pat und mich, daß die Kinder unversehrt waren. Aber es war verheerend für uns beide, als wir die Asche durchsuchten. Fast alle materiellen Dinge, die uns etwas bedeutet hatten, waren verloren.

Mitten in dieser Tragödie wollte ich von niemandem abhängig sein. Wenn Menschen uns Hilfe anboten, erzählte ich ihnen, daß ich alles im Griff hätte, was überhaupt nicht stimmte. Heute danke ich Gott, daß einige Menschen sich weigerten, mir zu glauben, und uns mit Unterkunft und Kleidung versorgten.

Vor dem Brand hatten unsere Eheschwierigkeiten zugenommen, aber jetzt entstand ein neues Band zwischen uns. Ein halbes Jahr lang lebten wir in provisorischen Unterkünften, und in dieser Zeit prüften wir unsere Wertvorstellungen. Wir stellten fest, daß für uns früher die falschen Dinge, wie zum Beispiel Geld, an erster Stelle gestanden hatten. Jetzt rückten die Dinge, die für uns zuletzt gekommen waren, auf unserer Liste nach oben. Leider fielen wir jedoch etwa ein Jahr nach dem Brand in unsere alten Verhaltensweisen zurück.

Ich machte viele Überstunden im Büro und im Krankenhaus, so viele, daß sie sich gar nicht mehr zählen ließen. Ich begann Pat für eine Nörglerin zu halten, aber heute kann ich sehen, daß ich der Nörgler war, der seine Gefühle jedoch verleugnete und sie auf Pat projizierte. Wie trickreich und irreführend das Ich auftreten kann! Wenn wir meinen, es erwischt zu haben, schlüpft es uns glatt wie ein Fisch durch die Hände.

Trotz der vielen Arbeitsstunden nahm ich weiter Anteil an den Aktivitäten meiner Söhne, besuchte Sportwettkämpfe, Elternabende und ähnliche Veranstaltungen. Ich versuchte dem Bild eines eifrigen und liebevollen Vaters zu genügen. Ich redete mir ein, meinen Kindern nahe zu sein und ihnen meine Liebe offen zu zeigen.

Im Rückblick sehe ich, daß ich weder die Jungen noch Pat noch irgendeinen anderen Menschen an meinem innersten Wesen teilhaben ließ. An den Abenden, die ich zu Hause verbrachte, stand ich meistens unter Alkoholeinfluß, so daß ich für meine Familie gar nicht so da war, wie ich es gerne glauben wollte.
Ich hatte eine Jekyll-und-Hyde-Persönlichkeit. Im sicheren Hafen meines Büros konnte ich liebevoll sein und Liebe annehmen. Aber zu Hause konnte ich ein ziemlicher Tyrann sein, der auch noch abstritt, daß er es war. Im Büro konnte ich mit Eltern über bedingungslose Liebe sprechen; zu Hause saß ich meinen Söhnen ständig im Nacken, gute Noten in der Schule zu haben. Trotz meiner guten Absichten verhielt ich mich genauso, wie ich es an meinen Eltern scharf kritisiert hatte.
Die Karte unseres Ich und die Gesetze der Welt wollen uns glauben machen, daß unser Erfolg sich an unserem Bankkonto, unseren Besitztümern und der Meinung anderer über uns messen läßt. Die Stimme des Ich sagt uns, daß unser Erfolg davon abhängt, wie schlau wir Menschen manipuliert haben und wie wir auf unserem Weg nach oben über sie hinweggestiefelt sind.
Ich tat all das, was meine Eltern mir beigebracht hatten. Ohne daß ich es erkannte, hatte ich immer noch Angst, von ihrer Straßenkarte abzuweichen. Ich arbeitete hart. Ich verdiente sehr viel Geld. Ich besaß viele Dinge, die allgemein geschätzt wurden, meine Kollegen respektierten mich, und vor allem hatte ich eine schöne Frau und wunderbare Kinder.

Die Rolle von Angst in der Ehe

In Wirklichkeit hatte ich mich die meiste Zeit über dafür entschlossen, auf die Stimme meines Ich, die Stimme der Angst zu hören. Verspürte ich einmal Freude, dann höchstens vorübergehend; sofort preschten Schuldgefühle vor, um sie zu zerstören. Mein Ich sagte mir immer noch, daß ich nicht das Recht hätte, glücklich zu sein.
Das Ich sagt uns immer, lauf, lauf, lauf – aber es sagt uns nie, auf was wir zulaufen sollen. Es sagt uns, daß nur die Erfolge in der

äußeren Welt von Wert sind. Da ich der Karte meines Ich folgte, rannte ich also ständig, und auch wenn ich vorgab, anderen zu helfen, dachte ich doch immer zuerst an mich.
Ich sammelte sämtliche Trophäen der materiellen Welt, von denen wir annehmen, daß sie uns glücklich machen. Inzwischen verbarg ich mein verletztes Herz vor jedem, auch vor mir selbst. Wie sollten andere Menschen mir nahekommen, wenn ich mir selbst nicht erlaubte, Klarheit über mich zu gewinnen und mir nahezukommen!
Anfang der siebziger Jahre wurde ich ernstlich depressiv und war desillusioniert von meinem Leben. Die Dinge, die mich glücklich machen sollten, erwiesen sich als nutzlos. Obwohl ich es zu der Zeit nicht erkannte, litt ich darunter, spirituell nicht erfüllt zu sein. Also begann ein weiteres Gesetz des Ich mein Verhalten zu bestimmen: »Wenn etwas schief geht in deinem Leben, dann finde jemanden, dem du die Schuld daran geben kannst.«
Ich begann Pat die Schuld an meinem Unglück zu geben, und ich fand unzählige Dinge an ihr auszusetzen. Natürlich hatte sie nichts falsch gemacht. Das »Falsche« war meine eigene Wahrnehmung, und ich projizierte meinen ganzen Selbsthaß, meinen Groll und meine Enttäuschung auf sie. Die Situation wurde durch mich unerträglich, und unsere Ehe verlor jede Lebendigkeit, die sie einmal gehabt hatte. Pat versuchte alles, um unsere Ehe zu halten, aber ich hatte die Hoffnung aufgegeben.
Zu meiner großen Überraschung waren wir für andere Leute das Inbild einer erfolgreichen, glücklichen, liebevollen Familie.
Pat sagte immer wieder, daß sie 80 Prozent zu unserer Ehe beitrug, ich hingegen nur 20 Prozent. Damals stimmte ich ihr nicht zu, aber natürlich bin ich heute der gleichen Meinung. Pat war bereit, alles von sich in die Ehe einzubringen. Weil ich selten da war, besuchte sie noch einmal die Schule, um Innenarchitektur zu studieren und startete eine neue Karriere. Und je erfolgreicher sie wurde, desto mehr fühlte ich mich bedroht. 1973 endete unsere zwanzigjährige Ehe mit der Scheidung.
Das gehört zu den schmerzlichsten Erfahrungen meines Lebens. Obwohl wir nicht mehr zusammen wohnten, fuhren Pat und ich fort, uns über Geld und Besitz und darüber, wer recht hat, zu streiten.

Während ich meinen Alkoholismus weiterhin verleugnete, wurden Unterdrückung und Verheimlichung zu Hauptstrategien meines Ich. Mein seelischer Schmerz war so groß, daß ich alles getan hätte, damit er mir nicht bewußt wurde. Mir war so gut wie überhaupt nicht klar, wie gestört ich in Wirklichkeit war. Pat und ich waren in unserem Denken weit davon entfernt, uns zu vergeben, und wir fuhren noch viele Jahre fort, uns gegenseitig Vorwürfe zu machen. Ich wußte, daß ich aufgebracht war, erkannte aber nicht, welch ein Vulkan in mir brodelte und wie selbstzerstörerisch ich mich verhielt. Mit meinem Trinken wurde es ständig schlimmer. Auch mein Rükkenleiden nahm zu und brachte mir große körperliche Schmerzen. Ich tat so, als habe das keine psychologische Bedeutung, weil meine Röntgenstrahlen mir zeigten, daß ich ein organisches Rückenleiden hatte. Wie blind und taub wir sein können!

Mein Ich tanzte und erzählte mir, ich sei nicht liebenswert und könne anderen nicht trauen. Und durch mein eigenes Verhalten bewies ich mir weiterhin, daß die Welt der unsichere und lieblose Ort war, als den ich sie wahrnahm. Ich redete mir ein, daß alle Menschen nur darauf warteten, mich anzugreifen oder zurückzuweisen.

Manchmal ließ ich Menschen etwas näher an mich heran und hörte ihnen zu, wenn sie mir mitteilten, daß sie besorgt waren wegen meiner Trinkerei – vielleicht tat ich das unbewußt, um zu beweisen, daß mein Ich recht hatte. Ich ging sogar »auf Entzug« und hörte ein paar Tage mit dem Trinken auf, damit sie zufrieden waren. Aber dann trank ich mehr als je zuvor. Meine Freunde wurden ärgerlich, gaben mich auf, und viele verschwanden aus meinem Leben.

Immer wenn ich einen Freund verlor, sagte mein Ich zu mir: »Siehst du, du kannst niemandem vertrauen. So etwas wie bedingungslose Liebe gibt es einfach nicht. Wie sollte auch nur einem Menschen etwas an dir liegen, wo du so wenig liebenswert bist! Du verdienst deine Schuldgefühle, weil du so ein schlechter Mensch bist.« Und dann fuhr es fort: »Übrigens würde ein Scotch dich im Nu von deinen Schuldgefühlen befreien.« Und wieder hörte ich auf die falsche Stimme und begann erneut mit der Sauferei. Ich legte mir das so zurecht: Wenn ich Menschen schon nicht dahingehend kontrollieren

konnte, daß sie mich liebten, konnte ich sie zumindest provozieren und damit bewirken, daß sie mich ablehnten.
Welche Heuchelei mein Leben war! Ich war Alkoholiker und stand trotzdem in meiner Gemeinde in dem Ruf, ein ausgezeichneter Therapeut zu sein, vor allem für alkoholkranke Menschen.

❦

Ein weiteres Gesetz, das unser Ich uns gern aufdrücken möchte, lautet, daß wir alle isolierte Wesen sind, jedes mit seinem eigenen, abgetrennten Verstand in einer Welt ohne Nähe, einer Welt, die beherrscht wird von einer Atmosphäre der Abgrenzung und Einsamkeit. Ich bezweifle, daß irgend jemand wußte, wie einsam ich in Wirklichkeit war, denn ich verkleidete mich mit einer Freundlichkeit, die durch ein Plastiklächeln abgerundet wurde. Ich war einsam, wenn ich mit meinen Kindern zusammen war, wenn ich mit meiner Frau zusammen war und selbst dann, wenn ich mich unter vielen Menschen befand.
Dieses Gefühl der Isolation und Entfremdung verspürte ich nicht nur anderen Menschen und der Welt gegenüber, sondern auch in Hinsicht auf meinen eigenen Körper. Ich fühlte mich unwohl in meinem Körper, weil ich mich weiterhin für unbeholfen und ungeschickt hielt. Ich hielt an dem Kindheitsgefühl fest, nirgendwo hinzugehören. Mein ganzes Leben lang hatte ich dieses sehnsüchtige, hoffnungslose Gefühl, heimatlos zu sein, immer nach einem sicheren Winkel Ausschau haltend. Aber noch bei meiner Suche nach diesem Ort war ich davon überzeugt, daß ich ihn niemals finden würde.
Zurückblickend glaube ich, daß ich die meiste Zeit meines Lebens in einem Zustand chronischer Unruhe, von Unglück, Depression und Hoffnungslosgkeit verbrachte. Selbst als Erwachsener, als fast alle Welt mich für sehr erfolgreich hielt, erfuhr ich mein Leben immer noch so. Mein äußerer Erfolg änderte nichts am inneren Zustand meines Verstandes und meines Herzens. Ein Teil von mir fuhr fort, darauf zu beharren, daß es im Leben noch mehr geben müsse als all dies.

Ich erinnere mich nicht, bewußt gedacht zu haben, ich sei ein Sucher oder hielte Ausschau nach meiner Heimat und innerem Frieden. Aber ich erinnere mich sehr wohl an diesen chronischen Zustand von innerer Leere und Traurigkeit, der sich über riesige Lachen von aufgestauten inneren Tränen stülpte. Ich hatte in fast keinem Bereich meines Lebens das Gefühl, daß mich irgendein Mensch wirklich verstand. Und ich selbst verstand überhaupt nichts!

Spirituelle Verelendung

Wenn mir jemand zur Zeit meiner Scheidung erzählt hätte, mein wirkliches Problem sei nicht meine Beziehung zu meiner Frau, sondern meine Beziehung zu Gott, hätte ich ihm nicht einen Augenblick lang geglaubt. Erst viele Jahre später, als ich Mutter Teresa begegnete, war ich imstande, das anders zu sehen.
Mutter Teresa sagte, das größte Problem, dem die Welt sich heute gegenübersähe, sei nicht, daß die Menschen in den Straßen von Kalkutta sterben, und auch nicht die Inflation, sondern das, was sie »spirituelle Verelendung« nennt. Sie beschrieb dieses Phänomen als ein Gefühl von innerer Leere, das mit einem weiteren Gefühl einhergeht, nämlich von Gott und von all unseren Brüdern und Schwestern auf dem Planeten Erde getrennt zu sein.
Wenn ich heute auf meine Ehe und meine Scheidung zurückblicke, weiß ich, daß ich mich unter meiner Depression, meinem Selbsthaß und meinem Alkoholismus in diesem Zustand spiritueller Verelendung befand, den Mutter Teresa beschrieb. Ich glaube, daß die innere Leere, die viele von uns empfinden, auf unserem Kampf mit Gott beruht, und dieser wiederum wird durch unser Gefühl ausgelöst, von der Quelle abgeschnitten zu sein.

Eifersucht ist ein Komplize des Ich,
der die Illusion der Liebe
in Haß verwandelt.

5

Ein Leben auf Sand gebaut

Wenn ich niedergeschlagen bin,
weiß ich tief in meinem Inneren,
daß ich Gottes Gegenwart verleugne.

Es fällt mir nicht leicht zu rekonstruieren, was ich in der Zeit nach meiner Trennung und Scheidung dachte und fühlte, aber dieser Rückblick hilft mir zu verstehen, wie die Straßenkarte meines Ich mein Leben beeinflußt hat. Ich hielt alles in verschiedenen Kammern meines Verstandes unter Verschluß, so daß mir nicht bewußt war, was ich wirklich dachte und fühlte. Das Wort »betäubt« wäre als Beschreibung meines damaligen Zustands noch eine Untertreibung gewesen.

Woran ich mich aber erinnere ist, daß ich niemals geglaubt hätte, noch stärkere Schuldgefühle empfinden zu können – und trotzdem ergossen sich immer mehr Schuldgefühle über mich. Da ich das Gesetz meines Ich befolgte, demzufolge ich Bestrafung verdiente, setzte mein Ich seinen Tanz fort, und meine Rückenschmerzen wurden fast unerträglich. Was ich auch tat, ich fühlte mich elend. Ich trank immer mehr. Ich traf mich nicht mehr mit alten Freunden.

Während meiner Trennung und Scheidung hatte ich mich zunächst wirklich darauf gefreut, allein zu sein. Aber ich hatte die abendlichen Mahlzeiten vorm Fernseher und die langen Abende allein bald satt. Die Einsamkeit bedrohte mich, und schließlich haßte ich sie. Ich ließ fast ständig das Radio oder den Fernseher laufen, auch wenn ich gar nicht hinhörte. Der Lärm lenkte mich von meinen eigenen widerstreitenden Gedanken ab und erzeugte die Illusion, ich sei nicht allein.

Wenn jemand mich gefragt hätte, was das Leben ausmache, hätte ich wahrscheinlich aus meinem Ich heraus geantwortet: »Überleben und Leiden. Und wenn du kurze Augenblicke der Freude erlebst, gehörst du zu den Glücklicheren.«

Ich sehnte mich verzweifelt nach Gesellschaft. Ich haßte das Spiel mit den Rendezvous, aber ich spielte es trotzdem. Ich hielt meine Beziehungen mit Absicht sehr oberflächlich. Ich lernte ein weiteres Gesetz des Ich – wenn wir uns auf den Körper konzentrieren, können wir unseren Geist von Gott fernhalten.

Im mittleren Alter schlugen bei mir alle Triebe und Ängste des Jugendlichen voll wieder durch. Meine Ausrichtung auf Sex hatte sehr wenig mit Liebe zu tun. Da war er wieder, mein alter Feind, das

Ich, das mir im Gewand eines Freundes erzählte: »Los, beweise dir, daß du begehrt wirst und liebenswert bist.«
Meine oberflächlichen Beziehungen, denen es an Verbindlichkeit und wirklicher Anteilnahme fehlte, führten lediglich dazu, daß ich mich noch schuldbewußter und depressiver fühlte. Ich war mit meiner Selbstachtung ganz unten. Um meine Depression zu ertränken, steigerte ich meinen Alkoholkonsum noch mehr.
Ich war erschöpft und spielte mit dem Gedanken an Selbstmord, hatte aber Angst vor dem Sterben. Trotz meines inneren Chaos war ich zu meinem eigenen Erstaunen in der Lage, meine Praxis weiterzuführen und anderen eine Hilfe zu sein.
Ich schien in der Kindheit stehengeblieben zu sein. Immer wieder lebte ich meine alten Kinderängste durch. Manchmal kamen mir die Erfahrungen, die ich machte, absolut neu vor – aber mit der Zeit wurde deutlich, daß sie nur Wiederaufführungen des immer gleichen alten Films waren. Vielleicht hatte sich die Form verändert, der Inhalt aber nicht. Es schien, als sei ich entschlossen, aus meinen Erfahrungen nicht zu lernen.
In dieser Zeit meines Lebens habe ich erfahren, daß die Fähigkeit des Ich zur Selbstbestrafung unerschöpflich ist. Selbst wenn wir total am Boden sind, auf allen Vieren kriechen und das Gefühl haben, keinen Zentimeter mehr voranzukommen, rückt das Ich an, um uns noch mehr Bestrafung aufzuladen. Es erstaunt mich, wie sehr ich mich selbst bis zum Überdruß quälen konnte.
Jedesmal, wenn ich der Karte meines Ich folgte, maß ich Schuldgefühlen und weiteren Selbstbestrafungen Wert bei, und wenn ich mich nicht selbst verletzte, fand ich einen Weg, andere Menschen zu verletzen. Mir wurde nicht einmal bewußt, wieviel Angst ich vor Liebe und vor Gott hatte. Ich hatte die Lektionen meiner Kindheit gut gelernt.
Wie so viele Menschen trage ich ein ängstliches, mal mehr, mal weniger verstecktes inneres Kind mit mir herum. Als Erwachsener tat ich mir manchmal selbst leid und schmollte, wenn ich mit meinen Anliegen nicht durchkam, genauso wie ich es als Kind getan hatte. Unfähig, mein eigenes kindisches Verhalten zu erkennen, war ich großartig darin, es bei anderen aufzuspüren.

Die Projektion – bei der wir verleugnen, was in uns vorgeht, und es in anderen überdeutlich sehen – ist der Wesenskern des Ich. Sie ist ein Mechanismus, der besagt: »Der Feind befindet sich außerhalb von dir.«

Schließlich gab ich mehrere Monate lang sämtliche gesellschaftlichen Kontakte auf. Etwas später machte ich einen Fotokurs und konzentrierte mich ganz darauf, ein Amateurfotograf zu werden und meine Fotos sogar selbst zu entwickeln und abzuziehen.

Im Anschluß daran entwickelte ich ein Interesse für Parapsychologie und unkonventionelle Heilverfahren. Ich begann eigene Forschungen auf diesen Gebieten zu betreiben, studierte übersinnliche Phänomene bei Kindern, experimentierte mit der Kirlianfotografie und schloß mich einem medizinischen Team an, das die Methoden bekannter Heiler untersuchte. Gleichzeitig begann ich die Technik des Biofeedback zu erforschen und veröffentlichte später einen der ersten Aufsätze über den Einsatz des Biofeedback im öffentlichen Schulsystem. Etwas in mir sagte, es müsse auch andere Wege der Heilung geben.

Und dann ging ich auf der Suche nach Prestige und Ansehen auf einen erstklassigen Egotrip. Ich wurde eingeladen, in Schweden und in der Sowjetunion Vorträge zu halten. Obwohl meine Vorträge positiv aufgenommen wurden, trug ich innerlich weiter das schreckliche Gefühl mit mir herum: »Wenn sie wüßten, wieviel ich nicht weiß!«

❦

Schließlich landete ich in einer Beziehung, von der jeder Schuljunge gewußt hätte, daß sie zum Scheitern verurteilt war. Bei einer medizinischen Tagung traf ich eine Frau, in die ich mich rasend und hoffnungslos verliebte. Wir kamen nur den wenigsten unserer beruflichen Verpflichtungen nach und beschlossen stattdessen, unsere Zeit zusammen zu verbringen.

Auf eine merkwürdige und unerklärliche Weise sah diese Frau in mir etwas, das ich selbst nicht erkannte. Sie war imstande, über mein Trinken und mein Ich hinauszuschauen und mein Potential zu sehen, zu einer Veränderung dieser Welt beizutragen.

Ich konnte ihr Dinge mitteilen, die ich bislang noch keinem Menschen erzählt hatte. Das war ein wirklicher Wendepunkt für mich. Ich spürte, wie in mir ein kleiner Keim der Hoffnung geboren wurde, und begann wie sie zu glauben, daß ich der Welt etwas zu geben hatte und daß ich vielleicht, aber nur vielleicht, doch liebenswert war. Ich werde ihr immer dankbar sein für diesen Funken Licht, den sie in mir entzündete.
Es gab jedoch ein großes Problem: Sie war verheiratet. Ich fand mein Verhalten verabscheuungswürdig, unmoralisch und unverzeihlich. Es stand meinen moralischen Vorstellungen total entgegen. Ich wußte, welches Verhalten von mir erwartet wurde, aber ich schien nicht anders zu können. Es war, als würde ich in Treibsand versinken. Eine Seite in mir sagte: »Du rutschst tiefer und wirst sterben, und wer auch immer bei dir ist, wird die gleichen Folgen zu erleiden haben.«
Eine Seite in mir war absolut entsetzt. Und da war sie wieder, die Stimme meines Ich, die mir diesmal eine Botschaft übermittelte, die ich mir, mich selbst täuschend, als brandneu zurechtlegte: »Es ist Zeit, daß du etwas Freude und Lust in deinem Leben erlebst. Also los, genieße deine neue Beziehung. Aber wisse, daß du sie nicht wirklich genießen kannst, denn sie wird auf keinen Fall halten.«
Mir war bewußt, daß mein Verhalten verrückt war. Und trotzdem hatte ich das Gefühl, wie von einem Magneten immer tiefer in diese Beziehung hineingezogen zu werden. Wieder einmal hatte meine Ich-Karte mich auf direktem Weg in eine Situation geführt, in der ich nur verlieren konnte.
Wir können niemals Frieden in einer Beziehung finden, die auf Täuschung beruht, besonders wenn wir bereits wissen, daß Täuschung ein Eckpfeiler des Ich ist. Aber das ignorierte ich und hoffte, daß irgendwie schon alles gut gehen würde. Ich wollte nicht einsehen, daß es der Wunsch zu täuschen ist, der zu Streit und Krieg führt. Mit der Zeit stellte sich heraus, daß wir eine Haß-Liebe-Beziehung hatten. Wir erschufen die Illusion von Liebe, wenn wir uns gegenseitig unsere Bedürfnisse erfüllten, und wir erzeugten Haß und Konflikte, wenn wir uns unsere Bedürfnisse nicht erfüllen konnten.

Die Beziehung war wie eine Achterbahnfart, wechselnd zwischen den Höhepunkten der Lust und den Tiefen der Hölle. Mein Denken spielte sich weiterhin in verschiedenen getrennten Abteilungen ab, zwischen denen es keinerlei Verbindung gab. Die meiste Zeit gelang es mir, die Tatsache, daß ich andere täuschte, vor mir selbst zu verbergen. Aber außer dem Problem des Täuschens gab es noch die alten Probleme des Ich wie Eifersucht, Besitzdenken, Manipulation und der Wunsch zu kontrollieren. Und obwohl ich glaubte, geben zu wollen, war ich doch immer noch stärker daran interessiert, was ich bekam – oder nicht bekam.
Ich fragte mich, ob es eine kranke Seite in mir gab, die Konflikte brauchte, um sich zu vergewissern, daß ich lebendig war. Und obwohl ich wußte, wie ungesund unsere Beziehung war, fühlte ich mich wie gelähmt, als die Trennung anstand. Das Ende kam, als ein anderer Mann die Szene betrat und ich ausgetauscht wurde. Die Ablehnung, die ich erfuhr, war wie Salz, das in alte, neu geöffnete Wunden gestreut wurde. Wieder waren Schmerz und Elend meine Gefährten. Ich hatte nur einen Gedanken zu Gott – daß sein Zorn mich wieder einmal zeichnete.
Meine Bitterkeit über diese Zurückweisung hielt monatelang an. Heute kann ich bezeugen, daß Wunder geschehen, wenn wir uns selbst und anderen vergeben. Statt weiterhin zu denken, mit dieser Beziehung eine unverzeihliche Sünde begangen zu haben, sehe ich es jetzt so, daß ich einen Fehler gemacht habe, einen korrigierbaren Irrtum. Heute ist diese Beziehung geheilt, und wir sind gute Freunde.

❦

Das Ich kann wie Klebstoff sein, der sich an alles heftet, womit er in Berührung kommt. Es kann uns dahin bringen, aus Beziehungen Götzenbilder zu machen, die uns von Gott fernhalten. Auch ich hatte mir diese Beziehung als Götzenbild zurechtgelegt und ließ zu, daß mein innerer Frieden davon abhing, was die andere Person für mich tat oder mir verwehrte.
Ich weigerte mich immer wieder, die Lektion anzunehmen, daß ich jedesmal, wenn ich einem anderen Menschen die Macht einräume,

über mein Glück zu bestimmen, bei Schmerz und Konflikt lande. Ich war nicht bereit, die Lektion zu lernen, daß ich den Abstand zwischen Gott und mir jedesmal vergrößerte, wenn ich zuließ, daß mein Ich sich an jemanden oder etwas hing oder ich mir etwas zum Götzen machte.

Nachdem ich meine Wunden geleckt hatte, kam ich zu dem Schluß, daß ich auf dieser Welt nicht dazu bestimmt sei, innige Beziehungen zu haben. Ich schwor mir, enthaltsam zu leben. Das machte mich keinesfalls glücklicher. Ich faßte diese Entscheidung nur deswegen, weil ich glaubte, mich dadurch vor weiteren Schmerzen schützen zu können. Ich war weiterhin depressiv und trank. Ich arbeitete auch weiterhin in meinem Büro, empfing Patienten und trieb Forschungen. Auf der Arbeit klebte ich meine Maske mit Heftpflaster zusammen, um die Illusion zu vermitteln, daß ich »alle beisammmen« hatte. Meine Hoffnungslosigkeit, mein Gefühl von Sinnlosigkeit und der tiefsitzende Glaube, mir sei in keiner Weise zu helfen, verstärkten sich.

Ich hatte das Gefühl, daß nur ein Wunder mir weiterhelfen könne, aber ein Wunder war das letzte, woran ich glauben konnte. Ich war nicht im geringsten auf die Ereignisse gefaßt, zu denen es im Mai 1975 kommen sollte.

Ich weiß, daß Projektionen Spiegel sind und keine Realität,
aber wenn ich voller Angst bin, will alles,
was ich in der Welt sehe,
mir sehr real erscheinen.

6

Den Berg erklimmen

Welcher Täuschung saß ich auf,
zu glauben, was ich fürchtete,
sei in der Welt
statt in meinem Denken.

Ein Kurs in Wundern

Beim Versuch Gott anzurufen, kommt es nicht darauf an, welches Telefon wir benutzen. So wie viele Wege zum Gipfel des Berges führen, führen auch viele Wege zu Gott.
Im Mai 1975 fühlte ich mich völlig verloren und hatte fast alle Hoffnung aufgegeben. Ich hatte nicht bewußt Gottes Nummer gewählt, und trotzdem geschah es. An diesem Tage wurde ich mit dem *Kurs in Wundern* bekannt gemacht, ein Ereignis, das für mich wirklich ein Wunder war und zwar eines, das mir half, meinen Weg zu Gott zu finden.
Obwohl eine Seite in mir sich weiterhin widersetzte, wußte eine andere, daß mir eine wertvolle Straßenkarte in die Hand gegeben und eine Reiserichtung gewiesen wurde. Irgendwie erkannte ich, daß die Schwingungen der Schriften im Kurs die gleichen waren wie die meines Herzens. Mir war auch klar, daß diese Schriften nicht unbedingt für jeden Menschen anziehend oder nützlich sein mußten, aber ich sah deutlich, daß der Kurs für mich ein Werkzeug zur spirituellen Wandlung war. Tief in meinem Inneren hatte ich das Gefühl, daß die Entdeckung des Kurses eine sehr wichtige Erfahrung für mich war, und auch, daß ich jetzt in Händen hielt, wonach ich mein ganzes Leben lang gesucht hatte.

Ein Werkzeug zur spirituellen Wandlung

Was mich für den Kurs einnahm, war, daß er ein Selbstlernprogramm für das eigene spirituelle Erwachen bot. Die Absicht des Kurses besteht darin, die Blockaden beiseite zu räumen, die Menschen daran hindern, die Präsenz der Liebe wahrzunehmen. Ich erfuhr, daß die Betonung auf Lieben und Vergeben lag, und mir wurde deutlich, wie sehr es mir an beidem mangelte.
Bei meiner Anfangslektüre des Kurses sprang mir ein Satz ins Auge: »Für einen verdrehten Geist ist Einfachheit sehr schwierig zu verstehen.« Das alles sprach zu mir auf eine Art und Weise, die mit nichts vergleichbarwar,wasichbislanggelesenhatte.DDerKursbotmireine sehr konkrete Straßenkarte, die mir den Weg nach Hause zu Gott zeigte. Seine eindringlichste Botschaft war für mich, daß wir selbst

uns von Gott und von der Liebe isoliert haben und aus unserem Traum erwachen müssen, der besagt, wir würden in der illusionären Welt unserer Wahrnehmungen leben, einer Welt voller Angst, Einsamkeit und Isolation, in der wir unter einem Mangel an Liebe leiden.
Im Kurs wird behauptet, es sei jedem von uns möglich zu lernen, im Hier und Jetzt zu leben, als wäre jede Sekunde ein Augenblick der Ewigkeit. In diesem ewigen Augenblick können wir lernen, uns der Liebe hinzugeben, indem wir auf die Stimme Gottes lauschen, die uns sagt, was wir denken, sagen und tun können. Auf diese Weise wird der Friede Gottes zu unserem einzigen Ziel und unsere einzige Aufgabe das Vergeben. Diese Schriften zeigen uns den Weg, in jedem und allem nur das Licht der Liebe zu sehen, und wir schließen niemanden von unserer Liebe aus.

❦

Obwohl ich gleich zu Anfang positiv auf den Kurs reagierte, fand ich es schwer, wirklich zu verstehen, was es heißt, im Augenblick zu leben. Wie immer, wenn ich etwas Schönes erlebte, spürte ich, wie mein Ich sofort ein Tauziehen mit mir begann.
Mein Ich schwatzte etwa folgendermaßen auf mich ein: »Bist du verrückt geworden? In diesen Büchern [dem Kurs] geht es um Gott, und du weißt doch, daß es so etwas wie Gott nicht gibt. Schenke alledem überhaupt keine Beachtung. *Ein Kurs in Wundern*! Was für ein blöder Titel! Und wie dick diese Bücher sind. Du bist so ein langsamer Leser, du wirst niemals die Geduld aufbringen, sie ganz durchzulesen.«
Wenn ich mich in den Stoff des Kurses vertiefte, hielt mir mein Ich manchmal seine eigenen Predigten: »Es gibt keinen Weg, in dieser Welt Frieden zu finden. Du hast alles versucht, und nichts hat für dich funktioniert. Akzeptiere die Tatsache, daß du in dieser Welt zum Leiden verdammt bist. Es gibt keinen Weg, dem Schmerz zu entkommen. Gib jetzt einfach auf.«
Gott sei Dank hörte ich nicht auf diese Stimme! Trotz all meiner Widerstände wußte ich, daß ich eine Straßenkarte gefunden hatte, die mein Leben verändern würde.

Es kam oft vor, daß ich die Bücher am liebsten ins Meer geworfen hätte, selbst wenn eine Seite in mir erkannte, daß hier die Wahrheit gesprochen wurde. Ich dachte, ich müsse in der Tat einen sehr konfusen und verdrehten Geist haben, weil ich den spirituellen Weg weder einfach noch leicht fand. Jedesmal, wenn ich versuchte, ein Glaubenssystem zu verändern, machte mein Ich viel Wirbel. Aber damit stehe ich nicht allein da. Praktisch jeder Mensch, der sich in seinem Leben für einen spirituellen Weg entschieden hat, erlebt das notwendige *Verlernen* als schwierig und schmerzhaft. Ich bin sicher, daß es dieses Verlernen ist und weniger das Lernen, das uns die meisten Schwierigkeiten bereitet.

Trotz meines Widerstandes begann ich zu sehen, daß mein Leben viel einfacher wurde, wenn ich es aus der Perspektive des Kurses betrachtete. Eine der wichtigsten Erkenntnisse war für mich, daß es tatsächlich um nur zwei Alternativen geht: das Denksystem des Ich und das Denksystem der Liebe. Das Denksystem des Ich wird von Schuldgefühlen, Angst und der Weigerung zu vergeben geschürt und beruht auf dem Glauben, daß es entweder keinen Gott gibt oder daß dieser rachsüchtig und lieblos ist. Unsere Egos gedeihen, indem sie uns glauben machen, daß unser Körper unsere einzige Realität und der Tod Wirklichkeit und das Ende allen Lebens ist.

Im Zentrum des Ich und seinem unersättlichen Habenwollen finden sich Widersprüchlichkeit, Ambivalenz, Depression, Zweifel, Schmerz, Elend und Leiden. Konflikt und Krieg sind seine Ziele. Es lehrt uns Angst, Vorwurf, Angriff und Verteidigung. Das Ich möchte, daß wir Schuldgefühlen beständig Wert beimessen, während es uns davon zu überzeugen versucht, daß wir niemals frei von Konflikten sein werden. Jedesmal wenn etwas schief läuft, möchte es, daß wir uns nach jemandem umschauen, dem wir die Schuld daran geben oder den wir verdammen können.

Wenn wir beim Glaubenssystem der Liebe bleiben und unsere Gedanken nur bei Gott sind, beginnen wir zu verstehen, warum unsere wirkliche Identität letzten Endes in unserer Liebe und nicht in unserem Körper begründet ist. Unser aller Wesenskern ist Liebe. Im Herzen der Liebe existieren Frieden und Glück. Angst und Schuld gibt es hier ebenso wenig wie Schmerz und Elend; hier existieren nur liebevolle und vergebende Gedanken. Im Rahmen dieses Glaubenssystems sind die Liebe und das Leben ewig, und es gibt keinen Tod.

❦

Vielleicht eine der wertvollsten Lektionen, die ich auf meinem spirituellen Weg gelernt habe, betrifft das, was der Kurs »besondere Beziehungen« nennt. Was ich hier erfuhr, half mir zu erkennen, warum meine Beziehungen so schwierig gewesen waren und was ich tun konnte, um sie zu verändern.

Ich begann zu verstehen, daß »besondere Beziehungen« auf dem Ich-Gesetz des Mangels beruhen, das besagt, Liebe sei ein Austausch zwischen Menschen, der auf der Überzeugung gründet, der andere könne uns geben, was uns selbst fehlt. Um uns ganz fühlen zu können, halten wir Ausschau nach einem Menschen, der uns ergänzt und vollständig macht. Besondere Beziehungen verneinen Gott, weil sie uns glauben machen wollen, wir müßten einen einzigen Menschen mehr als alle anderen Menschen auf der Welt lieben. Das ist deswegen eine Verleugnung Gottes, weil Gott uns alle vollkommen und unterschiedslos in seine Liebe einschließt.

Rückblickend konnte ich sehen, daß das unbewußte Schuldgefühl, das ich hatte, wenn ich mich von Gott abwandte, durch meine besonderen Beziehungen oft verschleiert wurde. Ich verleugnete meine Schuldgefühle und projizierte sie auf den anderen. Während der aufregenden Flitterwochenphase, in der ich durch die Anwesenheit des anderen in meinem Leben zu einem »vollständigen« Menschen wurde, war alles wunderbar. Aber diese Phase hielt selten lange an. Was anfangs wie Liebe ausgesehen hatte, verwandelte sich häufig in Haß-Liebe, wenn ich das Gefühl hatte, daß meine ichbezogenen Bedürfnisse nicht mehr erfüllt wurden.

Mit Hilfe des Kurses begann ich Möglichkeiten zu sehen, Beziehungen auch anders zu erleben. Im Kurs ist die Rede von »heiligen Beziehungen«, die als Beziehungen definiert werden, welche »auf Geben und Einigung, statt auf Habenwollen und Getrenntsein« beruhen. Dann kommen zwei Menschen als vollständige Individuen zusammen, die keinen Mangel spüren, und der Sinn der Beziehung besteht darin, Gott zu erfahren. In einer solchen Beziehung kommt der Gedanke an Gott zuerst, und wir beziehen sämtliche anderen Menschen in unsere Liebe ein, statt sie für einen einzigen zu reservieren. Oder einfacher ausgedrückt: Heilige Beziehungen sind nicht exklusiv, sie schließen andere nicht aus, sondern ein. Sie beruhen auf bedingungsloser Liebe für alle Menschen und nicht auf der bedingten Liebe für einen einzigen. Diese Beziehungen basieren auf dem Wissen um Gott, das sich darin zeigt, daß beide Partner Gott ihren Willen als einen einzigen Willen anbieten, und es sind nützliche Beziehungen insofern, als beide einander helfen und lieben.

»Unsere Wahrnehmung ist ein Spiegel, keine Tatsache«

Eine der befreiendsten spirituellen Einsichten, die ich durch den Kurs gewann, war die, daß unsere Wahrnehmungen Spiegelungen unseres inneren Denkens sind und keine Tatsachen darstellen. Unser Ich hält uns getrennt von Gott, indem es unsere Wahrnehmungen auf andere Menschen projiziert. Dabei gehen wir so vor, daß wir leugnen, selbst die Schöpfer unserer Wahrnehmungen zu sein, und uns verhalten, als wären die Menschen in unserem Leben nichts weiter als eine Filmleinwand für unsere Projektionen. Gleichzeitig veranlaßt unser Ich uns, die Verantwortung für unsere Projektionen abzulehnen, und diese Projektionen werden zum Schutzwall gegen die Wirklichkeit Gottes.

Unsere Wahrnehmung wird korrigiert, wenn wir keinen Wert mehr darauf legen, das Verhalten oder die Motive anderer zu interpretieren und zu beurteilen. Wir lernen, das Ich still zu stellen und statt dessen der inneren Stimme zu lauschen, die viele verschiedene Namen hat: Heiliger Geist, innerer Lehrer, Stimme der Weisheit, Intuition oder Führung des Herzens. Diese innere Stimme hat Gott uns gegeben, damit wir alle Dinge auf der Basis von Liebe und Einigung interpretieren. Die Folge ist, daß unsere Wahrnehmung sich verändert, und wir wieder zu erleben beginnen, daß wir Liebe sind, eins miteinander und mit Gott.

Praktische Grundsätze

Die Grundsätze des Kurses waren für mich in jedem Bereich meines Lebens von außerordentlichem praktischem Wert. Diese Grundsätze sind wirklich universal und existieren in der einen oder anderen Form seit Jahrhunderten. Ich möchte Ihnen meine Lieblingsgrundsätze im folgenden gern vorstellen. Jeder Grundsatz kann eine Meditation für sich sein.

Es gibt nur zwei Emotionen, Liebe oder Angst. Wir entscheiden, wie wir etwas wahrnehmen. Statt einen anderen als ärgerlich und bedrohlich zu sehen, laßt ihn uns besser als liebenden oder als ängstlichen Menschen betrachten, der uns um Hilfe und um Liebe bittet. Vergebung ist der Schlüssel zum Glück.

Es sind immer nur unsere eigenen Gedanken, die uns verletzen. Es ist immer nur unser eigener Geist, der geheilt werden muß. Wir sind nicht Opfer der Welt, die wir sehen.

Laßt uns mit dem Verurteilen aufhören sowie damit, Schuldgefühlen oder dem Festhalten an Klagen und Vorwürfen Wert beizumessen. Laßt uns der Versuchung widerstehen, das Verhalten anderer Menschen zu interpretieren, und laßt uns beiseitetreten, damit Gott uns auf dem Weg vorangehen kann.

Laßt uns statt Angst Liebe wählen. Laßt uns statt Konflikten Frieden wählen. Laßt uns immer wieder daran denken, daß bedingungslose Liebe nicht an unser Verhalten oder das Verhalten anderer Menschen gebunden ist.

Ehrlichkeit heißt, daß alle Gedanken der Liebe entspringen, daß sich unser Denken, Sagen und Tun in Einklang befindet und ein Gedanke nicht einem anderen entgegensteht. Ehrlichkeit ist ein innerer Zustand, in dem nichts außer Frieden existiert.

Hilf mir, anderen Menschen die gleiche Anteilnahme entgegenzubringen wie mir selbst und zu verstehen, daß Gott für mich nur das vollkommene Glück will. Ich habe ein Recht darauf, glücklich zu sein.

Ich werde heute keine Angst vor Liebe haben.

Lektionen in Vergebung

Durch meine täglichen spirituellen Bemühungen begann ich zu lernen, wie ich meine Unzufriedenheit und meinen Groll loslassen konnte. Ich begann – vielleicht das erste Mal in meinem Leben – Verantwortung für mein Leben und für alles, was ich erfuhr, zu übernehmen. Ich begann auch, meine lebenslange Überzeugung zu verändern, daß ich ein Opfer der Welt sei. Da ich die Macht der Vergebung kennenlernte, konnte ich anfangen, alte und manchmal schmerzliche Beziehungen zu heilen, von denen ich niemals geglaubt hatte, daß sie geheilt werden könnten.

Ich begann zu begreifen, daß es nicht die Menschen oder die Umstände in der Welt waren, die mich verstimmt hatten, sondern daß meine Gedanken die Ursache für meine Verstimmungen waren. Ein inneres Licht begann zu scheinen und mir eine Klarheit zu bringen, die das, was meine Augen sahen, überstieg. Ich begann zu verstehen, daß ich die Welt, die ich wahrnehme, zuerst in meinem Denken erschaffe und dann auf die äußere Welt projiziere.

❦

Während ich auf meinem spirituellen Weg weiterging, machte ich immer intensivere Erfahrungen mit Frieden und Glück, die über alles hinausgingen, was ich bislang erlebt hatte. Ich öffnete mich für die Tatsache, daß wir in unserem Leben alle gleich und füreinander sowohl Lehrer als auch Schüler sind.

Obwohl sich durch meine spirituellen Bemühungen manches in meinem Leben verbesserte, fuhr ich fort, mit den alten Widerständen des Ich zusammenzuprallen. Einmal hatte ich zum Beispiel überall um mich herum Lektionskärtchen liegen – in der Küche, im Badezimmer und im Auto –, vergaß aber trotzdem die Lektionen für den Tag. Bei meinen täglichen Studien ertappte ich mich dabei, wie ich denselben Absatz wieder und wieder durchlas, ohne die einfache Lektion, die er enthielt, zu verstehen. Es gab Tage, an denen ich mir wieder einredete, schwachsinnig zu sein.

Im Juli 1975 begann eine kleine Gruppe von Schülern des *Kurses in Wundern* in Tiburon, Kalifornien, sich einmal die Woche zu treffen. Diese Unterstützung war enorm hilfreich, weil wir alle mit unseren Lektionen zu kämpfen hatten. Heute gibt es im ganzen Land eine große Anzahl von Gruppen, die sich einmal wöchentlich treffen. Aber die meisten Schüler studieren den Kurs allein.

Obwohl ich mich jeden Tag meinem spirituellen Weg widmete, fuhr ich fort zu trinken. Einerseits dachte ich, daß mein Weg mich aus dem selbsterrichteten Gefängnis des Alkoholismus herausführen könne, während eine andere Seite in mir sagte, es gäbe kein Entrinnen aus meiner Sucht. Etwa vier Monate, nachdem ich mit dem Kurs begonnen hatte, bat ich das erste Mal in meinem Leben Gott um Hilfe.

Ich erwachte gegen halb drei Uhr morgens total verschwitzt und voller Angst. Ich hörte eine Stimme, die eher von außen als von innen zu kommen schien. Sie sagte mir, ich bräuchte nicht länger zu trinken. Ich träte in eine neue Phase der Heilung ein. Diese Aussage wurde dreimal wiederholt.

Ich dachte, ich würde verrückt. Gleich stellte ich mir vor, wie ich ins Delirium tremens fallen und rosarote Elefanten an den Wänden sehen würde. Ich war in Panik und konnte über eine Stunde lang nicht wieder einschlafen.

Als ich an jenem Morgen dann aufwachte, hatte ich die ganze Geschichte erfolgreich verdrängt; ich hatte keinerlei Erinnerung mehr daran. Ich ging meinen üblichen täglichen Beschäftigungen nach, und als ich abends nach Hause kam, griff ich, wie jeden Abend, sofort nach meiner Whiskyflasche. Aber dieses Mal hörte ich, bevor ich die Flasche in die Hand nehmen konnte, dieselbe Stimme, die ich mitten in der Nacht gehört hatte: »Du befindest dich in einer neuen Phase der Heilung und hast es nicht mehr nötig zu trinken.« Wieder wurde diese Aussage dreimal wiederholt. Ich rührte die Flasche nicht an.

Es fiel mir schwer zu glauben, was passierte. Ich hatte Gott mehrere Wochen lang jeden Morgen um Hilfe gebeten, hatte mir aber überhaupt nicht vorstellen können, daß die Hilfe in dieser Form kommen würde. Ich war erstaunt. Es war, als stünde ich neben mir, mich selbst betrachtend, ohne wirklich glauben zu können, was geschah.

Da stürmte mein Ich mit all seinen Selbstzweifeln auf mich ein. Es erzählte mir, das alles würde lediglich ein paar Stunden, einen Tag oder höchstens ein paar Tage anhalten. Mein Ich fuhr fort, mir ständig einzureden, daß es keinen Weg gäbe, mich von meiner Schuld zu befreien. Das Höchste, was ich erwarten könne, wäre, meine Schuld zu ertränken, indem ich mit dem Trinken fortfuhr.

An diesem Abend trank ich nichts und verspürte auch keinerlei Wunsch zu trinken. Das alles geschah ohne jede bewußte Anstrengung. Am nächsten Tag, die nächste Woche und selbst den nächsten Monat über verspürte ich überhaupt kein Verlangen nach Alkohol. Bis heute kann ich nicht verstehen, warum ich niemals Entzugserscheinungen hatte.

Innerhalb von etwa vier Monaten nahm ich fünfzehn Kilo ab. Bis dahin hatte ich gar nicht bemerkt, wie dick ich durch das Trinken geworden war. Was für eine Freude war der Tag, an dem ich all meine Kleider zum Schneider brachte, damit er die Taillen enger machte! Wie dankbar ich Gott war! Ich begann in meinem Inneren zu fühlen, daß mit Gottes Hilfe nichts, absolut nichts unmöglich war.

Die einzige Ursache für deinen Schmerz
sind deine Gedanken.
Ein Kurs in Wundern

Was könntest du wollen,
was Vergebung dir nicht geben kann?
Willst du Frieden? Vergebung schenkt ihn dir.
Willst du Glück, einen ruhigen Geist,
die Gewißheit eines Sinns im Leben
und ein Gefühl von Wert und Schönheit,
das die Welt transzendiert?
Willst du Anteilnahme und Geborgenheit
und allezeit die Wärme verläßlichen Schutzes?
Willst du
eine Stille, die nicht gestört werden kann,
eine Sanftheit, die nicht verletzt werden kann,
einen tiefen, anhaltenden Trost,
und eine so vollkommene Ruhe,
daß nichts dich aufbringen kann?
All das wird dir durch Vergebung geschenkt.
Ein Kurs in Wundern

7

Liebe abwehren

Stören dich die Geräusche in meinem Kopf?
Das ist nur mein Ich, das seinen Tanz vollführt.

Die wohl wertvollste Lektion in dieser Zeit bestand für mich darin zu erfahren, wie das Ich arbeitet und wie gewitzt und irreführend es sein kann. Es möchte uns glauben machen, daß Konflikt, Streß, Angriff, Angst, Schuld und Unglück normale, gesunde Aspekte des Menschseins sind. Wenn es am aktivsten ist, tanzt es uns eine Reihe schwindelerregender Bewegungen vor und erzeugt damit Illusionen, die verhindern, daß wir die Liebe wahrnehmen.

Ich begann zu sehen, daß mein Ich in bestimmten Zeiten etwas aufführt, was ich seinen »Kriegstanz« nenne, einen Tanz für sein eigenes Überleben. Die Geschwindigkeit dieses Tanzes nimmt in dem Augenblick zu, wo ich anfange, ein Gefühl des Friedens zu erleben, denn Frieden ist der Feind des Ich. Und für mein Ich ist der Kriegstanz ein Weg, gegen Gott zu kämpfen, weil es Angst hat, daß Gott an seine Stelle tritt. Dr. Bill Thetford, der den *Kurs in Wundern* zusammen mit Dr. Helen Schucman geschrieben hat, erzählte mir einmal im Scherz, sollte es jemals eine Fortsetzung des Kurses geben, dann am besten unter dem Titel *Das Ich schlägt zurück.*

❦

Die gesamte Energie des Ich fließt in die Abwehr von Liebe. Solange ich zuließ, daß mein Ich mich über Liebe im Zweifel und in Unsicherheit ließ, konnte es seine Herrschaft über mein Leben aufrechterhalten. Mit seinem Glauben an den Mangel erzählte mir mein Ich, es könne niemals genug Liebe geben. Und trotzdem tat es alles, was in seiner Macht stand, um mich glauben zu machen, daß ich Angst vor Liebe haben müsse, daß ich der Liebe nicht vertrauen und daß sie mich verletzen könne. Es wies mich an zu glauben, daß Gedanken der Angst, des Angriffs und der Abwehr mir mehr Sicherheit geben als die Sicherheit der Liebe es vermag.

Die Zeiten in meinem Leben, wo ich nur auf mein Ich hörte, lassen sich am besten mit den Worten beschreiben, die ich Jean Houston einmal über diesen Zustand sagen hörte: »Wir haben das Gefühl, nur aus Hautschichten zu bestehen, die ein trübsinniges Ich mit sich herumschleppen.«

Ich begann mein Ich als etwas zu sehen, das nur aus Schuldgefühlen und Angst bestand, die vereint daran arbeiteten, einen Zaun um den Geist zu ziehen. Als ob man Geist jemals einsperren könnte! Ganz gleich, ob das nun wirklich möglich ist oder nicht, ich wäre auf jeden Fall unter den ersten, die zugeben müßten, daß es meinem Ich sehr gut gelang, mein spirituelles Wesen jahrelang einzusperren und mich davon zu überzeugen, daß mir niemals vergeben werden würde. Mein Ich kämpfte gegen die Möglichkeit an, ich könne erfahren, daß der Gang über die Brücken der Vergebung meinen Geist aus meiner selbstauferlegten Gefangenschaft befreien würde.
Das Ich wehrt sich gegen Liebe, weil es weiß, daß wir, wenn wir wirklich erwachen, erkennen werden, daß seine Botschaften nur Illusionen sind – und daß Liebe die einzige Realität ist.
Das Ich wird alles tun, was in seiner Macht steht, um die Tatsache vor uns zu verbergen, daß an erster Stelle unserer Lebensprobleme unsere Angst vor dem Tod steht sowie unsere Furcht davor, von Gott und voneinander getrennt zu sein.
Ich entdeckte, daß mein Kampf mit Gott in Wirklichkeit ein Kampf war mit dem Widerstand meines Ich gegen Liebe sowie mit seinen Anstrengungen zu verhindern, daß ich die Gegenwart der Liebe wahrnahm. Das zu verstehen, war hilfreich, aber der nächste Schritt, der mich aus dem Gefängnis des Ich befreite, war die Entdeckung, daß wir unser Denken umschulen und unsere Wahrnehmung der Welt und von uns selbst verändern können.
Das Ich hat seine eigenen Regeln, und in dem Maße, wie wir diese erkennen, fangen wir auch an, das Ich deutlicher zu sehen. Dann hat es nicht mehr so viele Möglichkeiten, sich unserem Bewußtsein zu entziehen oder uns zu manipulieren. Und dann können wir anfangen, uns zuversichtlich zu entscheiden, ob wir auf seine oder auf die Stimme Gottes und der Liebe hören wollen.

Geistige Gesundheit und das Ich

Stellen Sie sich einmal vor, wir alle hätten einen gespaltenen Verstand: die eine Seite wäre sich vollkommen bewußt, daß wir Liebe sind, die andere dagegen absolut davon überzeugt, daß jeder von uns nur ein Körper mit einem isolierten Verstand voller Angst und Schuldgefühle ist. Das ist sicher kein Modell für geistige Gesundheit!

Aber was ist geistige Gesundheit? Wenn ich als Psychiater das »Psychiatrische Fachverzeichnis für diagnostische Begriffe« neu zu verfassen hätte, würde ich nur einen einzigen Absatz schreiben, in dem ich geistige Gesundheit definierte als »jenen Bewußtseinszustand, der mit Ganzheit einhergeht, bei dem alle im Geist und im Herzen eins sind und wir alle kontinuierlich die Liebe geben und empfangen, die uns in Wirklichkeit ausmacht«.

Nach dieser Definition war ich die meiste Zeit meines Lebens geistig krank, wie auch Millionen anderer Menschen mit mir. Solange wir nicht wissen und akzeptieren, daß der Kern unseres Seins Liebe ist, wäre es vielleicht besser anzunehmen, daß wir alle gleich verrückt sind und daß durch die unterschiedlichen äußeren Formen unserer individuellen Geisteskrankheiten lediglich der Anschein erweckt wird, wir seien voneinander verschieden.

Abwehrstrategien des Ich

Ich werde jetzt eine Reihe von Grundsätzen des Ich aufführen, die zu erkennen mir half, mich allmählich aus meinem selbst gebauten Gefängnis sowie aus dem Kreistanz des Ich herauszubewegen. Sämtliche Abwehrstrategien des Ich haben immer nur den einen Zweck – den Konfliktzustand zu erhalten, in dem unser Verstand gespalten ist und wir Angst vor Liebe haben.

Unser Ich möchte uns glauben machen, daß viele der Überzeugungen, die den folgenden Aussagen zugrundeliegen, uns in Fleisch und Blut übergegangen sind und niemals verändert werden können. Aber das stimmt nicht. Wir können unseren Verstand umschulen, wir können unsere Gedanken wählen und tun es faktisch bereits.

Jede der folgenden Aussagen beschreibt eine Botschaft des Ich. So können wir zu verstehen beginnen, wie das Ich uns daran hindert, daß wir uns als ganze und liebevolle Wesen erfahren. Die Versuchung, diesen Aussagen Glauben zu schenken, ist groß, aber denken Sie daran, daß sie alle eine Strategie des Ich darstellen, Gott und die Liebe vor uns verborgen zu halten. Wenn wir diese Ich-Regeln deutlich sehen, müssen wir uns von ihnen nicht länger gefangenhalten lassen.

Die Abwehrstrategien des Ich gegen Gott

1. »Der Zweck einer Beziehung liegt darin, einen bestimmten Menschen zu finden, der dich mehr liebt als irgendein anderer Mensch. Außerdem geht es darum, herauszufinden, wem du vertrauen kannst und wem nicht.«
2. »Um im Leben glücklich zu sein, muß man zuerst an sich selbst und seine Familie denken, viel Geld verdienen und viel materiellen Besitz erwerben, an den man sich klammert.«
3. »Ein Hauptsinn des Lebens liegt darin, jemanden zu finden, von dem du glaubst, du könntest ihn fast lieben, um dann zu versuchen, diesen Menschen nach deinem Bild vom perfekten Menschen zu formen.«
4. »Der Tod des Körpers ist das Ende des Lebens.«
5. »Dir selbst und anderen Schuldgefühle zu bereiten, ist eine gute Methode, diese Welt besser und liebevoller werden zu lassen.«
6. »Forderungen zu stellen und sich durchzusetzen, ist für ein erfolgreiches Leben ganz wesentlich.«
7. »Um im Leben gut abzuschneiden, ist Nehmen bei weitem wichtiger als Geben.«
8. »Das Manipulieren und Kontrollieren anderer ist für den Erfolg im Leben ganz wesentlich.«
9. »Liebe ist begrenzt und auf das beschränkt, was wir hören und sehen.«
10. »Maßstäbe sind notwendig, damit wir den relativen Wert jedes Menschenlebens einstufen können und wissen, wo wir selbst im Vergleich zu anderen stehen. Wir müssen uns selbst und andere fortlaufend messen, auch wenn wir uns damit gegenseitig umbringen.«

Müssen wir wirklich glauben, daß unsere Vergangenheit unsere Zukunft prägt? Müssen wir unser Leben wirklich im Dunkel der Schatten leben, die die Vergangenheit fortgesetzt auf die Gegenwart wirft? Das Ich würde antworten:

11. »Es ist wichtig, daß die Verletzungen und Klagen der Vergangenheit in uns lebendig bleiben, damit wir wissen, wie wir uns in Zukunft davor schützen können, verletzt zu werden.«
12. »Das Festhalten an Menschen und Dingen ist ein gesunder Aspekt der menschlichen Natur.«
13. »Fürchte dich vor dem Versagen, aber fürchte auch den Erfolg.«
14. »Triff sämtliche Entscheidungen im Alleingang und gehe dabei von deinen früheren Einsichten und Urteilen aus.«

Wir öffnen uns, wenn wir bereit sind, all die Werte noch einmal neu zu betrachten, die uns so lange teuer gewesen sind.

15. »Mache Menschen und Dinge zu Idolen und melde deine *Besitzansprüche* auf sie an.«
16. »Glaube nicht an Gott. Wenn du aber an Gott glauben mußt, dann glaube an einen rachsüchtigen Gott, der nicht vergibt.«
17. »Beachte, was andere Menschen von dir denken, und versuche immer, von allen anerkannt zu werden.«
18. »Vertraue nicht auf das Gute im Menschen.«
19. »Im Streß zu sein ist wichtiger als Frieden zu empfinden, weil Streß dich lebendiger macht.«
20. »Akzeptiere die Tatsache, daß du dich für den Rest deines Lebens selbst bestrafen und leiden mußt, weil du in deiner Vergangenheit Dinge getan hast, die eine unverzeihliche Sünde sind.«

Sollten wir jetzt wirklich bereit sein, an einen liebevollen, vergebenden Gott zu glauben, in ihn zu vertrauen und die Schöpfung fortzusetzen, indem wir alle lieben und allen vergeben? Ganz gleich, was unser Herz uns dazu sagen mag, die Antwort des Ich wird mit Sicherheit »Nein« lauten. Dieses »Nein« kann zahlreiche Formen annehmen:

21. »Es ist auch dann möglich, Liebe und Glück uneingeschränkt zu erleben, wenn es in unserem Leben noch einige Menschen gibt, denen wir nicht vergeben haben.«
22. »Der Macht des Geistes sind Grenzen gesetzt.«
23. »Es ist nicht möglich, alle Menschen gleich zu lieben, und es ist wichtiger, daß du deine Blutsverwandten liebst als Menschen, die nicht zu deiner Familie gehören.«
24. »Halte dein Herz verschlossen und teile anderen deine innersten Gefühle nicht mit, denn sie werden dieses Wissen gegen dich verwenden.«
25. »Es gibt verschiedene Arten von Liebe, und ausschließliche, exklusive Liebe ist die beste Form von Liebe.«
26. »Anderen zu helfen und zu dienen ist nicht so wichtig wie sicherzustellen, daß erst einmal deine eigenen Bedürfnisse befriedigt werden.«

Diese Äußerungen sind nur ein Auszug aus der Liste der Eigenschaften des Ich. Je weniger Energie wir auf diese Äußerungen verwenden, desto mehr Frieden und Liebe werden wir erfahren. Es kann hilfreich sein, sich diese Aussagen von Zeit zu Zeit immer wieder einmal anzuschauen, damit wir entscheiden können, ob wir ihnen die Treue halten und Angst verbreiten wollen, oder ob wir sie aufgeben und Liebe lehren wollen.

8

Fixierungen

Das Ich versucht,
uns Gott vergessen zu machen,
indem wir Menschen und Dinge
für uns gewinnen und uns auf sie fixieren.

Der Geist versucht,
uns an Gott zu erinnern,
indem wir an nichts festhalten, und
unsere Liebe jedem
bedingungslos geben.

Das Ich will alles und noch mehr und ist niemals zufrieden. Ganz gleich wieviel es auch bekommt, es ist niemals genug. Es hat viele Ziele, die ständig wechseln. Unser Ich möchte, daß wir uns auf Menschen und Dinge fixieren, und macht uns Hoffnung, daß das uns glücklich machen wird. Viele von uns verbringen ihr Leben damit, von einem Menschen zum anderen und von einer Sache zur anderen zu gehen, und glauben dabei verzweifelt, das bringe Frieden und Glück.

Die Zahl der Dinge und Menschen, auf die wir uns fixieren, scheint endlos zu sein. Und solange wir nicht auf der Hut sind, tritt, wenn wir eine Fixierung aufgeben, sofort die nächste an deren Stelle. Wir fixieren uns auf Körper und bestimmte Körperteile; wir fixieren uns auf Sex, auf unseren Intellekt, unser Haus, unser Geld und alle möglichen Dinge; wir fixieren uns sogar auf unsere Angst, auf Gedanken von Angriff und Verteidigung, auf Ärger, Haß und Sorgen.

Als ich einmal begriffen hatte, daß ich entscheiden kann, was mein Verstand denkt, fing ich an, meine Fixierung auf Sorgen loszulassen. Dieser Prozeß des Loslassens entwickelte sich aus meinem Verständnis, daß ich wirklich die Wahl hatte.

Unser Ich bringt uns dahin, aus Menschen und Dingen Idole zu machen, indem wir uns auf sie fixieren. Diese Idole unserer Fixierung dienen als Abwehr gegen die Erfahrung von innerem Frieden. Unser Ich kämpft mit Gott, indem es uns dahin bringt, unsere Fixierungen zu schätzen und an dem Glauben festzuhalten, daß wir immer jemanden oder etwas haben müssen, der oder das uns glücklich macht und unsere innere Leere ausfüllt, die wir empfinden. Unser Ich möchte nicht, daß wir in diesen Fixierungen lediglich einen schalen Ersatz für Liebe sehen.

In einer Welt, die dermaßen auf Drogen fixiert ist, würde ich Mutter Teresa beipflichten, die sagt, daß Drogensüchtige unter einem Mangel an Liebe leiden. Was sie brauchen, ist Liebe und nicht weitere Fixierungen oder Ersatzmittel für Liebe.

❦

Eine der besten Möglichkeiten, Gott aus unserem Leben fernzuhalten, die ich kenne, besteht darin, sich auf Geld zu fixieren und es zu unserem Gott zu machen. Und trotzdem ist für viele von uns Geld die Fixierung, die an erster Stelle steht. In diesem Kapitel will ich Sie daran teilhaben lassen, wie ich meine Fixierung auf Geld dazu benutzte, Gott aus meinem Leben zu verdrängen, und von einigen Vorgehensweisen berichten, die mir halfen, mich von dieser Fixierung zu befreien.

Schuldgefühle, Geld und Manipulation

Als ich 1956 meine psychiatrische Privatpraxis eröffnete, verdiente ich mehr Geld, als ich mir jemals hatte träumen lassen. Ich gab auch mehr Geld aus, als ich es mir in meinen kühnsten Träumen hätte vorstellen können. Und ich *besaß* mehr Geld, als ich mir jemals hatte träumen lassen.

Ich war ein sehr schlechter Finanzverwalter. Das Resultat war, daß ich über meine Verhältnisse lebte und mir, wie meine Eltern, fast ständig Sorgen um Geld machte. Mein Ich und meine Schuldfixierung taten das ihre, mich davon zu überzeugen, daß ich es nicht wert war, Geld und die Dinge zu besitzen, die ich damit kaufen konnte. Schließlich lebte ich ständig mit einem Gefühl des Mangels, ganz gleich wieviel ich besaß.

Als Ehemann und Vater war ich nicht darüber erhaben, andere Menschen mittels Geld zu manipulieren. Ich versuchte immer, andere zu kontrollieren, und Geld diente mir dabei als wichtigstes Werkzeug. Da mein Herz verschlossen und statt voll Liebe voller Angst und Schuldgefühle war, benutzte ich Geld als Ersatz für Liebe, auch wenn etwas in mir wußte, daß das nicht funktionieren würde. Solange ich Geld zu meinem Götzen machte, gelangte ich niemals zum Bewußtsein von Gottes Gegenwart.

Viele Männer kontrollieren ihre Frauen mittels Geld, und viele Frauen machen sich abhängig und hilflos, indem sie ihre Macht im Austausch für Geld und Sicherheit abtreten. Viele Paare bleiben nur aufgrund des Geldes des Ehemannes zusammen. Er trifft sämtliche

Entscheidungen, teilt seiner Frau das Geld zu und hält sie über ihren gemeinsamen finanziellen Status im unklaren. Solche Ehen basieren eher auf Kontrolle und Angst als auf Liebe.
Während meiner Scheidung stand bei meinen Ich-Kämpfen das Thema Geld an erster Stelle. Es ist immer noch schmerzlich für mich, rückblickend zu sehen, wie krankhaft und ängstlich ich mich dabei verhielt.
Wenn Sie an sich selbst immer zuerst denken, wenn Sie ständig damit beschäftigt sind, wie Sie etwas bekommen und behalten können, erleben Sie wenig inneren Frieden. Angst und Gier bilden den innersten Kern des Ich, das ständig so agiert, als bestünde an allen Dingen ein ernsthafter Mangel.

Geben und Nehmen sind eins

Das »Center for Attitudinal Healing« (etwa: »Zentrum zur Heilung von inneren Einstellungen« ; *Anm.d.Ü.*) hat mir und anderen reichliche und intensive Lernerfahrungen geboten. Eine sehr wichtige Erfahrung betraf meine Einstellung zu Geld und Mangel. Mit der folgenden Geschichte hoffe ich, andere an dem Prozeß, der mir auf diesem Gebiet Heilung brachte, teilhaben lassen zu können.
Ich hatte die innere Anweisung erhalten, für die Dienste im Zentrum niemals ein Honorar zu nehmen und darauf zu vertrauen, daß Gott für uns sorgen würde. Die Philosophie des Zentrums basiert auf Geben, nicht auf Nehmen. Damit verhilft es dem Grundsatz, daß Geben und Nehmen in Wirklichkeit eins sind, zu neuem Leben.
Es ist erstaunlich, wie schnell unser Herz sich für die Gegenwart des Friedens öffnet, wenn wir unsere ganze Energie darauf ausrichten, einem Mitreisenden auf dem Weg zu helfen. Heute beruht meine allergrößte Freude nicht mehr darauf, was ich besitze oder bekommen werde. Sie hat nichts mit Geld oder den Wünschen des physischen Körpers zu tun.
Die größte Freude der Welt verspüre ich heute in dem Augenblick, wo ich meine eigenen Sorgen und Wünsche loslassen und einem

anderen Menschen eine helfende Hand reichen und meine bedingungslose Liebe und meinen Frieden mit ihm teilen kann.
Eines Tages erhielt ich beim Meditieren die innere Botschaft, nicht nur meinen unentgeltlichen Dienst im Zentrum fortzusetzen, sondern auch für die Dienste in meiner Privatpraxis kein Honorar mehr zu nehmen.
Wieder einmal setzte mein Kampf mit Gott ein und brachte die alte Botschaft meines Ich vom Mangel auf: Wovon sollte ich denn leben? Wer würde meine Rechnungen bezahlen? War das irgend so eine verrückte innere Stimme, die ich da hörte? Bekam ich jetzt vielleicht eine Art spiritueller Psychose? Mein Ich sagte mir ununterbrochen, wie dumm und lächerlich diese Anweisung sei, und legte mir unmißverständlich nahe, Gottes Plan zu vergessen und mir das Drehbuch für mein Leben wieder selbst zu schreiben. Die Trumpfkarte meines Ich bestand in der Angst, daß jeder, den ich kannte, denken würde, ich sei verrückt geworden – und hatte ich unter dieser Art von Erfahrungen in meinem Leben nicht schon genug gelitten?
Zu meinem großen Erstaunen folgte ich meiner inneren Stimme und beschloß, meinem Ich keine Aufmerksamkeit zu schenken. Das Vorgehen selbst war leicht: Ich beschloß, mir keine Sorgen darüber zu machen, was andere Menschen von mir halten würden; ein für mich ganz unüblicher Entschluß. Diejenigen meiner Patienten, die sich meine Honorare gut leisten konnten, waren ziemlich verwirrt – aber auch nicht mehr, als ich selbst es war.
Einige Monate, nachdem ich aufgehört hatte, Honorare für meine Dienste zu nehmen, sprach meine Sekretärin mit mir über all die Rechnungen, die sich stapelten. Ich hatte meinem Glauben, daß ich für meine Dienste kein Geld annehmen sollte, bereits meine ganzen Ersparnisse geopfert, und meine gesamten finanziellen Reserven waren aufgebraucht. Auf vorsichtige und diplomatische Weise legte meine Sekretärin mir nahe, daß ich psychiatrische Hilfe brauche.
Dann geschahen einige erstaunliche Dinge. Ich hatte an meinem Buch *Lieben heißt, die Angst verlieren* gearbeitet. Ich wußte, daß das Schreiben eine therapeutische Funktion für mich hatte, erwartete aber keinesfalls, daß das Buch sich gut verkaufen würde. Diese

begrenzte Sicht erwies sich als ziemlich falsch, wie so viele Urteile meines Ich. Das Buch wurde sofort ein Bestseller – und ich hatte wieder ein Einkommen.
Da das Buch so erfolgreich war, erhielt ich aus allen Teilen des Landes Einladungen, Vorträge zu halten. Ich hatte mich immer für einen schüchternen und unbeholfenen Menschen gehalten, und der Gedanke, vor einem Publikum zu sprechen, machte mir angst. Und dann, fast über Nacht, befand ich mich auf einer Vortragsreise. Als ich erkannte, daß es die Stimme meines Ich war, die der Angst und Isolation zugrundelag, die ich mit diesen Vorträgen verband, beschloß ich, nicht mehr auf diese Stimme zu hören und statt dessen der Stimme der Liebe zu folgen. Und plötzlich hatte ich keine Angst mehr, vor einem Publikum zu sprechen. Tatsächlich machte es mir Spaß. Während mein Ich allmählich beiseite trat, hielt ich auch keine vorbereiteten Vorträge mehr wie früher. Mein Ich fing jetzt an, den Weg freizugeben, und ich begann, die Stimme der Liebe durch mich sprechen zu lassen.
Wenn ich so vorging, gaben meine Vorträge den Menschen offensichtlich mehr. Es war, als täte ich meine Arbeit nicht länger selbst. Die Worte schienen einfach durch mich zu kommen.
Durch diese Vorträge kam Geld herein, und ich fuhr fort, Menschen in meiner Praxis unentgeltlich zu beraten. Es war schwer zu verstehen, daß all dies wirklich geschah. Meine alten Sorgen um Geld begannen zu verblassen. In gewisser Weise kam mir Geld jetzt als eine Form von Energie vor, die in Wirklichkeit nicht mir gehörte, sondern Gott, eine Energie, die positiv genutzt werden konnte.

In der Gegenwart bleiben

Als ich einige Jahre später meinen Sohn Lee in Mexiko besuchte, wo er lebte, lernte ich eine interessante Lektion. Wir besuchten einen ganz kleinen Markt. Lee tat etwas, was ich noch keinen Menschen hatte tun sehen: er kaufte eine Rolle Toilettenpapier, ein Stück Seife und den Tagesbedarf an Salz und Pfeffer.

Die meisten von uns kaufen diese Dinge auf dem Markt in Mengen ein, um für die Zukunft Vorrat zu haben. Während ich darüber nachdachte, fielen mir die Worte Jesu ein, als er sagte, wir sollten vertrauen wie die Vögel, die in der Gegenwart leben und nur soviel sammeln, wie sie an einem Tag brauchen. Mir fiel plötzlich auf, wie oft in meinem Leben ich Angst vor der Zukunft gehabt und dadurch die Gegenwart verpaßt hatte. Ich dachte auch an die Friedenspilgerin, die beschlossen hatte, all ihren weltlichen Besitz aufzugeben und nur noch in der Gegenwart zu leben. Sie hatte absolutes Vertrauen, daß Gott immer für sie sorgen und sie niemals im Stich lassen würde.

❦

Trotzdem stelle ich fest, daß mein Einstellung zu Geld noch nicht konsequent ist; von Zeit zu Zeit dreht sie sich wieder um hundertachtzig Grad. Aber die meiste Zeit mache ich mir um Geld keine Sorgen und habe keine Angst vor den Unsicherheiten der Zukunft. Jetzt kommt das Geld unerwartet. So veranstaltete unser Zentrum kürzlich an der Universität von Kalifornien in Santa Cruz die erste Internationale Konferenz für die Heilung von inneren Einstellungen. Es kamen viele Konferenzteilnehmer aus aller Welt. In der darauffolgenden Woche erhielt ich einen Strafzettel von der örtlichen Polizei. Ich schickte ihnen einen Scheck und dachte nicht mehr an die Angelegenheit.

Zu meiner großen Überraschung und Freude schickte man mir den Scheck zurück. Im Begleitbrief hieß es: »Ich schicke Ihnen Ihren Scheck über 12 Dollar anbei zurück. Ich kenne Ihr Buch gut und nehme an, Sie waren hier, um auf einer Konferenz zu sprechen. Ich bin sicher, daß das Geld für Ihre Arbeit mit Kindern sehr viel bessere Verwendung findet.« Er war unterschrieben vom Polizeichef.

❦

1987 lud die Volksrepublik China Diane Cirincione und mich ein, Kinder mittels unserer Organisation »Children as Teachers of Peace« (Kinder lehren Frieden, *Anm.d.Ü.*) dorthin zu bringen. Der Tag unserer Abreise kam näher, ohne daß das Geld für die Reise sich materialisierte, und Diane und ich begannen uns zu fragen, ob die Friedensreise nach China in Gottes Plan vielleicht nicht vorgesehen war.
Dann suchte uns nach einem Vortrag, den wir gehalten hatten, ein Fremder auf und erkundigte sich nach unserer Chinareise. Nachdem wir ihm die Situation dargelegt hatten, erkundigte er sich, wieviel Geld wir brauchten. Sechs Wochen später schickte er uns einen Scheck genau über diese Summe.
Etwas ähnliches geschah bei einem Hilfsprojekt, das wir für Kriegswaisen in Nicaragua eingerichtet hatten. Einer unserer Freunde aus Europa, der gehört hatte, was wir brauchten, schickte uns einen Scheck, der die Kosten für eine Weihnachtsfeier deckte, die wir für die Waisen veranstalten wollten.
Ich war an jenem Weihnachtstag in Nicaragua und hatte Geschenke und Kleidung von Kindern aus der San Francisco Bay Area mitgebracht. Ich wollte von Managua aus nach Hause telefonieren, doch das ging nicht.
Aber ein Fernsehteam kam zu der Party und filmte alles, auch mich in einem roten Weihnachtsmannkostüm, wie ich die Geschenke verteilte. Viele meiner Freunde und Familienangehörigen sahen sich an diesem Abend die Nachrichten an, so daß der Anruf nach Hause sich von selbst erledigte. Ich denke gerne, daß ich an diesem Tag von Gott gesegnet wurde und die himmlischen Kräfte es so einrichteten, daß ich mit meinen Lieben in den Staaten kommunizieren konnte.
Bevor ich mich für einen spirituellen Weg entschied, habe ich solche Dinge nie erlebt. Aber heute geschehen sie mir immer häufiger, und ich lerne allmählich, daß ein Wunder ein ganz natürliches Ereignis ist.
An meinem zwölf Jahre alten Auto habe ich einen Stoßstangenaufkleber, auf dem es heißt: »Mach dich auf ein Wunder gefaßt.« Das tue ich.

Ich glaube, es gibt nur eine Fixierung, die die Welt retten und ihr Frieden bringen kann, und das ist die Fixierung auf das gegenseitige Geben von bedingungsloser Liebe.

Wahre Liebe
ist immer verbunden
mit einem kindlichen Sinn für Wunder
und einem dankbaren Bewußtsein
für das Mysterium dieses Lebens,
das über unsere menschlichen Begriffe
hinausgeht.

9

Einen Sinn finden

Loslassen

Hilf mir, mich von meiner ständigen Sorge
um die Zukunft zu befreien.
Gib mir die Stärke,
mit meinen sinnlosen Versuchen aufzuhören,
die Zukunft vorauszusagen und zu manipulieren.
Schenk mir die Einsicht, daß mein Versuch,
die Zukunft zu bestimmen, keinen Wert hat.

Befreie mich von meinen sinnlosen Fragen
nach dem Morgen
und von jeglichem Wunsch,
andere zu manipulieren und zu kontrollieren.

Erinnere mich daran, daß meine ängstliche Besorgnis
um das Morgen keinen anderen Grund hat
als meine grundlose Angst vor Dir.

Hilf mir, still zu sein,
hilf mir, zuzuhören und zu lieben.

Mach mir die Wahrheit Deiner Gegenwart bewußt,
die sich nur im Hier und Jetzt dieses Augenblickes zeigt.
Erhebe mich in Deine Arme und
erinnere mich daran, daß ich Deine Schöpfung
und die Vollkommenheit der Liebe bin.
Hilf mir, dankbar zu erkennen, daß ich Dein Botschafter
der Liebe bin, und mache mich frei,
so daß ich Dein Licht überall verbreiten kann.

Laß mich Deine Freiheit in mir spüren und
laß mich lachen über all die Illusionen,
von denen mein Ich mich einst glauben ließ,
sie seien Wirklichkeit.
Laß mich Licht sein, laß mich Freude sein, laß mich wissen,
daß ich Dein Ebenbild bin, wo immer ich auch sei,
und wo immer ich auch hingehen mag.

Das Ich möchte vor uns verbergen, daß es die Absicht hat, uns ständig in unsere Ängste zu verwickeln und uns an dem Glauben festhalten zu lassen, Leiden und Isolation würden auf der Welt immer existieren. Das erreicht es unter anderem dadurch, daß es uns dahinbringt, ständig über andere Menschen zu urteilen, anderen Schuld zuzuteilen und zu bestimmen, wer unsere Angriffe verdient.

Es erschreckt mich immer noch, wie oft ich zuließ, daß mein Ich freie Bahn bekommt, und wieviel Zeit ich in dem Gefühl verbrachte, mein Lebenssinn bestehe darin, alles besser zu wissen und über das Verhalten anderer Menschen zu richten. Indem ich bestimmte, wer schuldig und wer unschuldig war und wer meine Liebe verdiente, verhielt ich mich in gewisser Weise, und ohne mir dessen bewußt zu sein, genau wie der rachsüchtige Gott, den ich fürchtete. Die Zeugnisse meiner psychiatrischen Ausbildung verliehen mir die Glaubwürdigkeit der Professionalität, und zwar sowohl in meinem Büro als auch im sonstigen Leben.

Vor 1975 war mir nicht klar, was für ein Besserwisser und Krittler ich war. Ein schreckliches Beispiel dafür betraf meinen Telefonauftragsdienst. Lange Zeit schämte ich mich für diese Episode so sehr, daß ich mit niemandem darüber sprach.

Ich bin der einzige Arzt, den ich kenne, der von seinem Auftragsdienst gefeuert wurde. Es gibt viele Ärzte, die ihrem Auftragsdienst gekündigt haben, aber nicht umgekehrt. Ich hatte zu der Zeit alle möglichen Probleme mit diesem Service; sie vergaßen, mir Nachrichten auszurichten, oder gaben mir falsche Telefonnummern. Es war furchtbar frustrierend, und ich beschwerte mich sehr oft. Ich fühlte mich völlig im Recht und war sicher, daß ich für meinen Ärger und für jede Beschwerde stichhaltige Gründe hatte.

Wenn die Dinge schief liefen, zögerte ich keine Sekunde, dem Telefonisten gründlich die Meinung zu sagen und jedem, der gerade Dienst hatte, meine Gefühle unmißverständlich mitzuteilen. Aber trotz meiner Beschwerden blieben die Schwierigkeiten bestehen, und mein Ärger und mein Groll nahmen zu.

Sie können sich meine Überraschung vorstellen, als ich einen Brief erhielt, in dem stand, daß der Telefonservice mir seine Dienste

kündige, weil es so schwer sei, mit mir zurechtzukommen. Ich sagte mir, daß alle Ärzte immer mal wieder Schwierigkeiten mit ihrem Auftragsdienst hätten und war sicher, daß ich mich nicht mehr beklagte und nicht zänkischer war als andere auch. Damit lag ich total schief. Man sagte mir, ich sei der schwierigste Kunde, den der Service jemals gehabt habe.
Das entsprach gewiß nicht dem Bild, das ich von mir hatte. Ich wollte gern glauben, daß ich wirklich ein netter Kerl sei, der nicht ärgerlicher war, als irgendein anderer Arzt auch, der den Service in Anspruch nahm.
Als ich mich zwang, mir die Situation anzuschauen, die ich geschaffen hatte, sah ich eine Menge Dinge, die ich nicht hatte sehen wollen. Ich begann zu sehen, wie schroff ich zu Leuten am Telefon sein konnte, vor allem zu den Telefonisten des Auftragsdienstes. Ich versetzte mich in die Telefonisten hinein und begann ihre Ungeduld und Feindseligkeit mir gegenüber zu verstehen. Ich fragte mich, wie ich einerseits freundlich, geduldig und liebevoll mit den Menschen umgehen konnte, die mich als Patienten aufsuchten, während ich andere doch so scharf angriff. Es war sehr schmerzlich, mich selbst so zu sehen, wie andere mich sahen.
Nachdem wir mit der Arbeit im Center for Attitudinal Healing angefangen hatten, wurde ein Grundsatz besonders wichtig für uns: »Dieser Augenblick ist die einzige Zeit, die es gibt.« Während ich mit dieser Maxime arbeitete, begann ich zu sehen, wie schnell ich am Telefon sprach, um zur nächsten Angelegenheit zu kommen, die immer viel wichtiger zu sein schien, als alles, was ich im Augenblick tat, ganz gleich, was das war. Ich war immer noch so von Zukunft und Vergangenheit in Anspruch genommen, daß ich das Gefühl hatte, nicht die Zeit zu haben, mich in der Gegenwart liebevoll und versöhnlich zu verhalten.
Mir wurde bewußter, daß jeder Augenblick, in dem ich mich befand, die einzige Zeit war, die es gab, ein ewig währender Augenblick, um zu lieben, um zu vergeben und um zu geben. Ich tat mein Bestes, um zu sehen, daß der Sinn jeder Beziehung in der Einigung, in der Verbindung liegt. Ich fing auch an, mich selbst immer wieder darauf hinzuweisen, daß Gott niemals in Eile ist.

Ich wechselte zu einem neuen Auftragsdienst über und brachte eine völlig neue Einstellung mit. Ich wollte meine Vergangenheit heilen, indem ich mir selbst verzieh und meinem Ich die alte Treue kündigte. Es war klar, daß der Sinn aller Beziehungen für mich in Verbundenheit, Geben und Lieben bestand. Ein paar Minuten, bevor ich meinen neuen Telefondienst anrief, tat ich jedesmal ein kleines Gebet, in dem ich Gottes Hilfe dafür erbat, liebevoll und vergebend zu sein, ganz gleich, welche Probleme auf mich zukamen. Ich rief mir ins Gedächtnis, daß kein Augenblick im Leben wichtiger ist, als der gegenwärtige.

Ich sagte mir, daß der Sinn meines Lebens nicht darin liegt, zu *nehmen* und über andere zu urteilen, und machte mir immer wieder klar, daß der Sinn meines Lebens vielmehr darin besteht, liebevoll zu sein und meinen inneren Frieden wachsen zu lassen.

Das fiel mir keinesfalls leicht. Mein früheres Verhaltensmuster war so automatisch abgelaufen, daß ich andere immer noch verurteilte und meinen Ärger auf sie ablud, wenn ich nicht innehielt und mich zuerst einmal besann.

Dann geschah etwas Erstaunliches. Ich stellte fest, daß ich am Telefon sehr viel friedlicher war. Ich war nicht mehr so in Eile. Es wurde außerordentlich wichtig, mich daran zu erinnern, daß ich in diesem Augenblick im Herzen Gottes daheim sein konnte. Die Zukunft fand wirklich in diesem Augenblick statt.

Schließlich dämmerte mir, daß ich solange nicht in der Lage sein würde, meine Liebe auszuweiten und anderen zu geben, wie ich nicht bereit war, Gottes bedingungslose Liebe für mich anzunehmen. Solange ich die Welt als einen feindlichen, lieblosen Ort betrachtete, konnte ich niemals wirklich freundlich zu anderen sein. Aufgrund meiner schuldbeladenen Vergangenheit war es mir schwergefallen, die Überzeugung aufzugeben, daß ich keine Liebe verdiente. Aber langsam begann ich dieses Glaubenssystem zu verändern, und dann geschah, was ich als »ein Wunder der Liebe« betrachtete: Einige Monate, nachdem ich den neuen Auftragsdienst in meine Dienste genommen hatte, erhielt ich einen Anruf vom Besitzer der Gesellschaft, der mir erzählte, wieviel Freude es ihnen mache, mit mir zusammenzuarbeiten, und wie sehr sie die Arbeit bewunderten, die wir im Zentrum leisteten. Er sagte, sie hätten beschlossen, den Telefonservice für uns auf unbegrenzte Zeit unentgeltlich zu machen.

Ich bin dabei zu lernen, daß es immer Menschen gibt, die die Wahrheit bezeugen können, die in unser Leben tritt, um uns darauf hinzuweisen, daß wir auf dem richtigen Weg sind.

Der innere Frieden, den ich erfahre, steht in direktem Verhältnis dazu, wie unbeirrt und beständig ich mich auf meinen Lebenssinn konzentriere. Trotzdem gibt es immer noch Tage, an denen mir dieser Sinn überhaupt nicht klar ist.

10

Beginnende Hingabe

Heute habe ich das Licht in mir gespürt.
Ich habe die Macht der Liebe Gottes gefühlt
wie einen sanft dahineilenden Fluß,
ein Strömen durch alle Seiten
meines Seins…

Was ist geschehen? Was habe ich getan?
Ich bin schlicht zurückgetreten,
habe mein Ich beiseite gestellt
und Gott den Vortritt überlassen.

Meine Hingabe an Gott begann, als ich schließlich erkannte, daß meine alte Art, Entscheidungen zu treffen, einfach nicht funktionierte. Sie brachte mir weder Frieden noch Glück.
Mir war klar geworden, daß Entscheidungen, die auf meinem Ich beruhten, immer mit dem Beschluß einhergingen, zu leiden und die Opferrolle zu spielen. Je mehr ich anderen und mir selbst vergab, desto leichter konnte ich mein Bedürfnis nach Leiden und Aufopferung loslassen. Das Ich enthält uns die Tatsache vor, daß niemand von uns leiden muß, wenn wir uns nicht auf irgendeiner Bewußtseinsebene dafür entschieden haben. Der Grund für unser Leiden liegt nicht in anderen Menschen oder äußeren Ereignissen.

Gott mit leeren Händen gegenübertreten

Mich der Liebe und Gott hinzugeben, war vielleicht eine der schwierigsten Lektionen für mich. Dabei war mir dieser Prozeß in so vielen verschiedenen Formen präsentiert worden: von der Lektion, die ich erhielt, als ich kein Honorar mehr für meine Dienste nahm, bis zu der Erkenntnis, daß ich meine Vorträge nicht mehr vorbereiten mußte, und meiner veränderten Haltung gegenüber dem Telefonauftragsdienst.
Immer wenn ich rückfällig werde, und mein Ich anfängt, darauf zu drängen, daß es gehört wird, erinnere ich mich daran, daß ich lediglich die Bereitschaft zeigen muß, nicht länger mein eigenes Drehbuch zu schreiben. Allmählich lerne ich, der Schöpferischen Quelle des Universums die Rolle des Regisseurs und Drehbuchautors zu überlassen. Wie schwer es oft zu sein scheint, obwohl es doch in Wirklichkeit so leicht und befreiend ist, wenn wir Gott schließlich mit leeren Händen gegenübertreten und sagen (und wirklich meinen): »Laß Deinen Willen und meinen Willen eins sein.«
Im September 1975 begann ich, die geöffneten Hände von Menschen zu fotografieren. Bei mir zu Hause hängt die Wand des Treppenhauses ganz voll mit Fotos von geöffneten Händen. Sie sollen mich täglich daran erinnern, daß ich, wenn ich den Frieden Gottes erfahren und ihm die Regie für mein Leben überlassen

möchte, nichts festhalten darf und mit leeren Händen zu ihm kommen muß.

❦

Ich begann zu begreifen, daß ich trotz meines Fachwissens in Psychiatrie nicht wußte, was das Beste für mich ist, geschweige denn, was das Beste für andere Menschen ist. Als ich anfing, der Stimme innerer Weisheit zu lauschen, statt auf mein Ich mit seinen Abermillionen von falschen Wahrnehmungen zu hören, die ich einmal »Tatsachen« genannt hatte, eröffnete sich mir eine völlig neue, hoffnungsvolle Realität.
Ich habe festgestellt, daß ich meinen Verstand von widerstreitenden Gedanken leeren muß, wenn ich still werden und meiner inneren Führung zuhören möchte, auch wenn das manchmal langweilig scheint. Ein Vorgehen, das ich dabei manchmal hilfreich finde, besteht darin, mir vor meinem inneren Auge eine Müllverbrennungsanlage vorzustellen. Dann visualisiere ich, wie ich meine ganzen widerstreitenden Gedanken dort hineinkippe und den Schalter betätige, um allen »Gedankenmüll« loszuwerden. Meistens dauert es nicht lange, bis all die negativen Gedanken durch Gottes liebevolles Denken ersetzt sind.

❦

Eine Persönlichkeit, die ich sehr bewunderte und die eine wertvolle Lehrerin für mich und Tausende von anderen Menschen war, war die Friedenspilgerin. Als sie alt geworden war, empfing sie die innere Weisung, all ihren weltlichen Besitz aufzugeben und zur Friedensbotschafterin zu werden, nur von der Stimme Gottes geführt. Sie wußte nie, wo sie in der nächsten Nacht schlafen oder wo sie ihr Essen erhalten würde. Sie erzählte jedem, daß sie einfach Vertrauen habe.
Ich sah sie im Fernsehen, kurz bevor sie starb. Man konnte sehen, daß der Interviewer von ihrer Gegenwart tief beeindruckt war. Schließlich sagte er zu ihr: »Sie strahlen in einem solch erstaunlichen Maße Frieden und Freude aus. Wie lautet Ihr Geheimnis?« Ihre

schnelle und einfache Antwort war: »Ich habe einfach keine miesen Gedanken im Kopf. Und ich nehme auch kein mieses Essen zu mir.« Es bestand kein Zweifel, daß sie Gott das Drehbuch für ihr Leben schreiben ließ, jeden Augenblick eines jeden Tages. Ihr Vertrauen und ihr Glaube waren nicht halbherzig; sie gab sich hundertprozentig hin.

Ich habe oft gedacht, wieviel besser es um die Welt bestellt wäre, wenn wir alle dem inneren Weg der Friedenspilgerin folgen würden. Unserer inneren Stimme zu vertrauen erfordert Demut. Als ich anfing, den *Kurs in Wundern* zu lesen, vertraute ich nur der Stimme meines Ich; das Wort »Demut« kam noch nicht einmal in meinem Wortschatz vor. Mein Ich wies mich fortgesetzt auf all meine College-Abschlüsse hin; meine Ausbildung und meine früheren Erfahrungen waren gewiß vertrauenswürdiger als diese innere Stimme, von der ich noch nicht einmal eindeutig sagen konnte, ob ich sie wirklich hörte.

Obwohl ich zunehmend sicherer werde, daß ich der richtigen Karte folge und in die richtige Richtung gehe – zuhören, still sein, sich hingeben und lernen zu vertrauen –, ist die Aufgabe meiner inneren Führung zu vertrauen, immer noch mit den größten Kämpfen verbunden.

Menschen auf dem Weg

Robert Young

Robert (Bob) Young und seine Frau Betty waren jahrelang liebe Freunde und Förderer des Center for Attitudinal Healing in Tiburon. Bob teilte mir einmal mit, zu der Zeit, als er in der Fernsehserie »Vater weiß es am besten« mitwirkte, habe seine Tochter, die damals im Teenager-Alter war, ihn gefragt: »Vati, wie kommt es eigentlich, daß du jede Woche im Fernsehen die schwierigsten Familienprobleme löst, die man sich nur vorstellen kann, und trotzdem zu Hause so dumm zu sein scheinst?« Er hatte gelacht und geantwortet: »Nun, Schätzchen, im Studio habe ich einfach einen guten Drehbuchschreiber.« Ich hatte das Glück, Betty und Bob, ein äußerst hingebungsvolles Paar, zu erleben. Die beiden taten ihr Bestes, um ihren spirituellen Weg zu gehen und Gott das Schreiben ihres Drehbuchs zu überlassen. Und genau darum geht es bei Hingabe.

Die meisten von uns gehen durch das Leben und schreiben stur ihr eigenes Drehbuch oder lassen zu, daß andere es für sie schreiben. Es ist schwer, die Möglichkeit anzuerkennen, daß wir mit diesem Verhalten ein Leben leben, das auf den äußerst bruchstückhaften Wahrnehmungen der Vergangenheit beruht. Wir sehen die Dinge selten so, wie sie wirklich sind, und wir sehen sie fast nie ganz. Aus diesem Grund scheint die Wahrnehmung, die verschiedene Menschen von ein und demselben Ereignis haben, immer so unterschiedlich zu sein; sie erzählt uns mehr über das Ich des Betreffenden als über die Wahrheit. Wir sehen ständig, was wir glauben.

Das Ich jedes Menschen nimmt seine individuelle Form an, aber im Kern sind alle Egos gleich. Weil unsere Egos vor allem Abwehrmechanismen sind, können sie nur Drehbücher schreiben, die auf Angst beruhen. Sie können nur Entscheidungen treffen, die auf unseren früheren Erfahrungen basieren, wobei sie immer zuerst an die eigene Person denken. Sie sagen uns, wir sollten uns vor der Zukunft schützen, indem wir Entscheidungen treffen, die auf früheren Beurteilungen und alten Wunden beruhen. Das Motto des Ich lautet: »Traue der Liebe nicht. Vertraue nicht auf Gott. Und gib dich ja nie Gott oder anderen hin.«

Mutter Teresa

Es gibt eine Geschichte über Hingabe, die ich zwar schon oft erzählt habe, die es aber trotzdem wert ist, hier noch einmal wiederholt zu werden.

Ich hatte das große Glück, bei mehreren Anlässen etwas Zeit mit Mutter Teresa verbringen zu dürfen. Das erste Mal trafen wir 1979 in Los Angeles zusammen. Damals fragte sie mich, warum ich zu ihr gekommen sei, und ich entgegnete, daß ich lerne wolle, mich Gott ganz hinzugeben. Für mich ist Mutter Teresa ein Mensch, der vielleicht mehr als irgendein anderer Mensch auf der Welt genau das gelernt hat.

Wir sprachen in der ersten Stunde, die wir zusammen verbrachten, über viele Dinge. Ich wüßte nicht zu sagen, wann ich jemals einen größeren inneren Frieden erfahren hätte. Sie hatte vor, später an diesem Tag nach Mexiko City zu fliegen, und ich wollte sie gern begleiten, hatte aber Angst, sie zu fragen.
Schließlich nahm ich all meinen Mut zusammen und sagte: »Ich fühle soviel Frieden, einfach nur, indem ich in Ihrer Gegenwart bin. Wäre es möglich, daß ich mit Ihnen nach Mexiko City fliege, einfach um in Ihrer Gegenwart sein und mit Ihnen beten zu können?«
Ihre Antwort machte mir große Freude: »Dr. Jampolsky, ich hätte nichts dagegen, daß Sie mich nach Mexiko City begleiten.« Und dann fügte sie langsam, sanft und liebevoll hinzu: »Aber ich dachte, Sie wären zu mir gekommen, um etwas über absolute Hingabe zu lernen.«
»Ja, Mutter, genau aus diesem Grund bin ich hier.«
»Nun«, fuhr Mutter Teresa fort, »ich glaube, Sie können mehr über absolute Hingabe lernen, wenn Sie *nicht* mit mir nach Mexiko City kommen und das Geld für diese Reise statt dessen den Armen geben.«
Ich flog nach Hause nach Tiburon und schickte Schecks in Höhe des Preises für ein Rückflugticket an Bruder Jeremy von den Brothers of Charity in Los Angeles und nach Mexiko City. Dann schrieb ich einen Brief an Mutter Teresa in Kalkutta und dankte ihr für das Geschenk ihres Rates. Sechs Wochen später erhielt ich einen handgeschriebenen, mehrere Seiten langen Brief von Mutter Teresa.
Jedesmal, wenn ich mit Mutter Teresa zusammen war, sprachen wir über das Thema Hingabe. Einmal sagte sie mir, daß wir Gott nicht in jeder Sekunde unseres geschäftigen Lebens unsere Aufmerksamkeit widmen können, aber das Wichtigste wäre unsere *Absicht*, es zu tun. Durch diese eine Äußerung wurde ich eine große Last an Schuldgefühlen los.
Auf einer internationalen Vortragsreise mit meinem Sohn Lee begegnete ich Mutter Teresa noch einmal; wir sollten beide auf derselben Konferenz in Bombay sprechen. Lee und ich hatten einen Wagen und wurden gebeten, Mutter Teresa zu der Konferenz zu fahren. Sie hatte im Anschluß daran Vorträge in drei weiteren Städten geplant und lud Lee und mich ein, mitzukommen.

Wir reisten mehr als zwanzig Stunden mit Mutter Teresa zusammen in einem Wagen. Einmal fragte Lee sie: »Welches sind die beiden wichtigsten Eigenschaften, die ein Mensch haben sollte, wenn er einen Heilberuf ausüben möchte?« – »Demut und Bescheidenheit«, antwortete sie. Ich mußte lächeln, weil von diesen beiden Werten an meiner medizinischen Hochschule niemals die Rede gewesen war. Und ich bezweifele, daß sie an den heutigen medizinischen Hochschulen gelehrt werden.
Während dieser Reise mit Mutter Teresa erinnerte ich mich an unsere erste Begegnung und an meinen Wunsch, mehr Zeit mit ihr zu verbringen. Das Wunder, das ich an jenem Tag erlebt hatte, bescherte mir zugleich die Lektion, daß, wenn wir nur loslassen, was wir aus unserem Ich heraus meinen haben zu wollen, daß wir dann erleben können, wie das Geschenk auf vielen wunderbaren Wegen zu uns zurückkehrt.

❦

Kürzlich erhielt ich im Flugzeug eine Lektion in Demut. Vor diesem Flug und auf den fünf Anschlußflügen, die ihm vorausgingen, hatten immer wieder Flugbegleiter mir erzählt, daß sie Schüler des *Kurses in Wundern* seien und entweder meine Bücher gelesen oder meine Vorträge gehört hätten, was ihnen sehr geholfen habe.
Auf diesem Flug ging ich gerade den Mittelgang entlang, als eine Stewardess mich anhielt und sagte: »Hallo, Jerry!« Ich blieb stehen und wartete darauf, daß sie mir erzählte, sie habe meine Bücher gelesen oder einen meiner Vorträge besucht. Statt dessen lächelte sie und zeigte auf meinen Ärmel.
Und dann fiel es mir ein: Ich trug einen Pullover mit aufgesticktem Namenszug auf dem Ärmel.
Ich hatte das Gefühl, daß Gott mir eine freundliche Lektion in Demut erteilte, und ich erinnerte mich an das, was Mutter Teresa meinem Sohn über Demut erzählt hatte.

❦

Zur Hingabe an Gott und zur Führung durch eine innere Stimme kann es ganz unerwartet und an Orten kommen, wo wir nicht damit rechnen – selbst in einer Kneipe. Vor mehreren Monaten las ich den *San Francisco Examiner*, als die Fotografie eines Männergesichtes meine Aufmerksamkeit fesselte. Sie zeigte einen siebenundsechzigjährigen farbigen Mann mit einem Lächeln, das vom einen Ohr zum anderen reichte. Seine Augen strahlten außergewöhnlich hell.

Aus dem Zeitungsbericht erfuhr ich, daß dieser Mann sein ganzes Leben lang Hafenarbeiter gewesen und im Alter von fünfundsechzig Jahren auf Rente gegangen war. Er war Alkoholiker und suchte jeden Tag dieselbe Kneipe auf. Eines Tages stellte er fest, daß er das alles satt hatte, und er beschloß, das Universum um Hilfe zu bitten. Er rechnete aber nicht wirklich mit einer Antwort. Doch er hörte eine kleine Stimme in sich sagen, er solle losgehen und einen Besen und eine Karre kaufen. Er zweifelte in keiner Weise daran, daß er zum ersten Mal in seinem Leben Gottes Stimme gehört hatte. Dann wurde er angewiesen, jeden Tag die Straße vor der Missionsschule zu kehren. Er tat genau das, und er hörte auf zu trinken. Schon bald stellte er fest, daß er für viele Schüler zum Ersatzgroßvater geworden war und daß die Kinder ihn und sein wunderbares Lächeln sehr liebten. Wenn sie diesen Mann kennengelernt hatten, wagten die Schüler nicht mehr, Abfall auf die Straße zu werfen.

Dieser Mann war nicht auf Anerkennung aus; er wollte einfach Gottes Arbeit tun. Er sagte, daß er sich noch niemals so friedlich und glücklich gefühlt habe wie jetzt. Er weiß, daß seine Mission im Leben darin besteht, Botschafter der Liebe Gottes zu sein, und daß seine Form des Gebens so aussieht, die Straßen zu fegen und sich mit den Schülern der Missionsschule anzufreunden.

Obwohl dieser Mann nicht berühmt ist, glaube ich, daß das, was er tut, in jeder Hinsicht genauso wichtig ist wie Mutter Teresas Arbeit. Ich glaube von ganzem Herzen, daß jeder von uns während der kurzen Zeit, die wir hier auf der Erde in einer körperlichen Gestalt verbringen, eine sehr wichtige Rolle in Gottes Plan spielt.

Hingabe fängt damit an, daß wir die Höhere Macht fragen, was wir in unserem Leben tun können, um Liebe, Verbundenheit, Harmonie und Freude in unsere Welt zu bringen. Jedesmal, wenn wir die Liebe annehmen, die Gott für uns bereithält, jedesmal, wenn wir anderen unsere Liebe geben und sie zum Lächeln bringen, haben wir einen Riesenschritt in Richtung auf die Heilung einer Welt getan, die unter mangelnder Liebe leidet.

❦

Wenn wir uns hingeben, wenn wir wirklich zuhören wollen, können wir Antworten aus dem Mund derer vernehmen, die uns im Augenblick am nächsten sind. Die Antworten stammen nicht immer von einer inneren Stimme. Bei meiner Arbeit mit Kindern werde ich immer wieder auf diese simple Wahrheit gestoßen.

Ich habe eine weise elfjährige Freundin, Lalita Riggs, die eine wunderbare Einführung für unser Buch *Children as Teachers of Peace* (Kinder lehren Frieden, *Anm.d.Ü.*) geschrieben hat: »Auch Erwachsene sind Kinder, denn im Herzen jedes Erwachsenen ist das Leben eines Kindes aufgehoben, das für ewige Zeit dort bleiben wird. Hört also bitte den Kindern zu, denn wenn ihr das nicht tut, ist es das gleiche, als wenn ihr euch selbst nicht zuhört.«

Hingabe

Und ich fragte: »Was ist das Geheimnis
der totalen Hingabe an Gott?«

Und mir wurde gesagt:
»Das Geheimnis der Hingabe ist schlicht
zu sein.
Das Geheimnis der Hingabe ist schlicht
nicht zu denken -
zuzulassen, daß die Wahrnehmung behutsam
verschmilzt mit dem Wissen um Liebe,
mit dem Land des ewigen Seins,
mit dem Königreich Gottes;
zu hören, wie die Wellen zärtlich
die Brandung küssen,
zusammenfließen und eins werden;
Wahrnehmung, die verschmilzt
mit dem Wissen um das vollkommene
Einssein von Gott und Liebe.
Das Geheimnis der Hingabe ist schlicht
nichts zu tun und zu sein.«

11

Zuhören

Liebe ist Zuhören
und
Zuhören ist Liebe.

Über die Kunst, unserem inneren Lehrer zuzuhören, ist viel geschrieben worden, und trotzdem haben die meisten von uns weiterhin nur eine ungefähre Vorstellung davon, wie diese Kunst zu erlernen ist. Ein Teil der Schwierigkeiten besteht darin, daß ein solches Zuhören eine Erfahrung beinhaltet, die mit Worten allein nur schwer zu beschreiben ist. Ein noch größerer Teil der Schwierigkeiten liegt darin, daß das Ich kein Interesse daran hat, sich diese Fähigkeiten anzueignen. Wenn wir zwischen der inneren Stimme und der Stimme des Ich unterscheiden lernen, setzen wir an der Wurzel unserer selbst inszenierten Kämpfe mit Gott an, und das Ich möchte es uns nicht leicht machen, auf unser Herz statt auf unseren Kopf zu hören.

Ich habe das Gefühl, spät beim spirituellen Weg angekommen zu sein. Wenn es darum geht, auf die eigene innere Stimme zu lauschen, sitze ich in der Vorschulklasse. Das vorausgeschickt, möchte ich Ihnen einige meiner Kämpfe, das Zuhören betreffend, schildern und versuchen darzulegen, was dabei für mich gut zu funktionieren scheint und was nicht.

❦

Ich muß mich ständig daran erinnern, daß nur zwei Stimmen zu hören sind. Ob ich leiden oder glücklich sein werde, hängt davon ab, welcher Stimme ich beschließe zuzuhören. Das ist nicht immer eine bewußte Entscheidung, aber je mehr ich sie mir bewußt mache, desto leichter wird es, zwischen den beiden Stimmen zu unterscheiden.

Wenn ich den Tag mit der bewußten Entscheidung beginne, dankbar, liebenswürdig, freundlich und geduldig mit anderen umzugehen, hilft mir das, das Denken meines Ich zum Schweigen zu bringen. Diese Art, den Tag zu beginnen, unterscheidet sich ziemlich von meinem früheren Tagesanfang, wo ich jeden Morgen beim Aufwachen in Gedanken eine Liste all der Dinge zusammenstellte, die ich glaubte, an diesem Tag erledigen zu müssen. Ich stelle fest, daß ich mich für einen friedlichen und glücklichen Tag öffne, wenn ich die frühen Morgenstunden in aller Stille Gott widme. Es ist eine

sehr gute Zeit, sich von sämtlichen negativen Gedankenrückständen zu reinigen, die vom Vortag übriggeblieben sind.
Auch der Abend ist eine ausgezeichnete Zeit, alles loszulassen, was sich an ängstlichen, aggressiven Gedanken während des Tages angesammelt haben mag. Ich habe festgestellt, daß es besser ist, sich Gott eine Minute ganz zu widmen, statt eine Stunde der Meditation mit geschlossenen Augen und den Kopf voller Zwiespalt und miteinander widerstreitender Absichten zu verbringen.

❦

Es ist oft vorgekommen, daß ich mir eingeredet habe, ich wünschte mir inneren Frieden, ohne es wirklich zu meinen. Das Resultat war, daß ich lediglich das statische Gerumpele der Stimme meines Ich empfing. Ich habe meiner Höheren Macht schon oft eine Frage gestellt und überhaupt keine Antwort bekommen. Ich glaube, ich stelle oft einfach die falsche Frage. Und sicher gibt es auch Zeiten, wo ich Angst vor der Antwort habe und, ohne mir dessen bewußt zu sein, nicht mehr zuhöre.
Und dann wieder gibt es Zeiten, wo ich glaube, wirklich zu wissen, was ich will, und mit der Arroganz meines Ich quasi zu Gott »einchecke«, so wie man am Schalter eines Flughafens für seinen Flug eincheckt – das heißt, in Wirklichkeit versuche ich, Gott dahin zu drängeln, daß er mit meinen Wünschen übereinstimmt. Das hat natürlich mit Zuhören überhaupt nichts zu tun, sondern das Ich versucht wieder einmal zu manipulieren.
Aber wenn ich mir wirklich klar darüber bin, daß ich mir inneren Frieden wünsche, empfange ich manchmal einen inneren Gedanken oder Eindruck. Manchmal sehe ich vor meinem inneren Auge das Bild einer Ampel, die grünes oder rotes Licht zeigt. Ähnlich geht es einem Freund von mir, der immer, wenn die Antwort »Ja« lautet, einen Juckreiz an seiner rechten Hand verspürt.
Erst in jüngster Zeit habe ich die kostbare Erfahrung eines schweigenden Verstandes wirklich schätzen gelernt. Über Gebet und Meditation ist viel geschrieben worden, und es gibt dafür scheinbar so viele Vorgehensweisen, wie es Menschen gibt. Ich ziehe einfache

Methoden vor, um den Verstand ruhigzustellen. So hilft es mir zum Beispiel, wenn ich ein paarmal langsam ein- und ausatme und mich daran erinnere, daß ich Liebe und Frieden atme. Manchmal kann ich meinen Verstand auch beruhigen, indem ich mir meine Lieblingsmusik anhöre.

Ich rufe mir auch immer wieder ins Gedächtnis, daß ich nicht weiß, was das Beste für mich ist, daß mein innerer Lehrer es aber weiß. Ich bringe mir auch bewußt in Erinnerung, daß der Versuch, alleine eine Entscheidung zu treffen, indem ich nur auf mein Ich höre, der Einladung zu einer Katastrophe gleichkommt.

Ein Gesetz des Ich lautet, den Frieden, wo er nur zu finden ist, zu stören. Das Ich kann mit Lichtgeschwindigkeit Frieden in Aufruhr verwandeln und uns davon überzeugen, daß wir erst dann vollkommen lebendig sind, wenn wir Konflikte und Streß haben.

Für mich ist es am hilfreichsten, wenn ich mich an meinen Wunsch erinnere, meine ganze Kommunikation möge auf Liebe und Verbindung, statt auf Angst und Trennung beruhen.

Ich möchte, daß all meine Gedanken, Worte und Handlungen liebevoll sind. Ich wünsche mir, Gottes Botschafter zu sein, ein Botschafter der Liebe. Und wenn ich im Verlaufe eines Tages in Versuchung gerate, einen anderen Menschen zu verurteilen, weiß ich, daß ich meinen wahren Wunsch und Lebenssinn vergessen habe und mein Ich mit seinem Angstzustand wieder die Regie übernommen hat.

Die meisten von uns haben – wie auch ich selbst – besser Reden als Zuhören gelernt. Einem anderen Menschen mit totaler Aufmerksamkeit und Geduld zuzuhören, ohne jeden Versuch, ihn zu unterbrechen, ohne jedes ablehnende Urteil, ist alles, was bedingungslose Liebe ausmacht.

Ich habe einmal ein Hospiz, eine Sterbeklinik in Neuseeland besucht. Eine freiwillige Helferin, der ich dort begegnete, trug ein Namensschildchen, und ein einziges Wort unter ihrem Namen sagte alles über sie: ZUHÖRERIN. Das machte deutlich, daß sie weder Rat geben noch Urteile treffen würde. Ihre Aufgabe war es, bedingungslose Liebe zu geben, zuzuhören und zu wissen, daß zuhören lieben heißt.

Um Hilfe bitten

Eines der ersten Ereignisse, bei dem ich erlebte, welche Kraft es bedeutet, auf den inneren Lehrer zu hören, geschah im Herbst 1975. Mich hatte die Bemerkung eines achtjährigen Jungen bewegt, die man leicht hätte übergehen können.

Es ist wichtig zu wissen, daß dieser Vorfall sich ereignete, kurz nachdem ich angefangen hatte, das Universum zu fragen, was ich nach Gottes Willen mit meinem Leben anfangen sollte. Die Erfahrung war für mich sehr wichtig, weil der kleine Junge mir auf seine Weise half, die Antwort auf meine Frage zu enthüllen.

Der Junge war schwer krebskrank, und er wußte das. Während der Visite des Arztes, bei der ich als Gastarzt zugegen war, fragte er ihn: »Wie ist es zu sterben?« Der Arzt wechselte das Thema.

Ich wurde neugierig und entdeckte, daß es nicht unüblich war, als Antwort auf solche Fragen das Thema zu wechseln. Bei weiteren Erkundigungen erfuhr ich, daß Kinder meistens jemanden suchen, dem sie vertrauen können und der ehrlich auf diese Fragen eingeht. Auf einer bestimmten Station stellte sich heraus, daß diese Person die Putzfrau war. Die Kleinen schienen zu wissen, daß sie von ihr eine ehrliche und direkte Antwort bekommen würden.

Kurz nach diesem Vorfall in der Klinik begann ich auf meinem Heimflug von New York über die Frage des Jungen nach dem Sterben nachzudenken. Plötzlich kam mir der Gedanke, daß Kinder wie er eine sichere Umgebung brauchten, in der sie über ihre Sorgen sprechen konnten und man ihnen zuhörte. Vielleicht war das ein vernachlässigtes Gebiet, auf dem ich helfen konnte.

Ich bin immer noch dabei zu lernen, daß wir beiseite treten und zuhören müssen, wenn wir um innere Führung bitten und wirklich eine Antwort hören möchten, denn die Antwort kommt mit Sicherheit. Auf meinem Rückflug nach Hause empfing ich an diesem Tag eine lange Botschaft, durch die mir eine Aufgabe und ein Plan übermittelt wurden, die mein Leben vollkommen veränderten. Die Nachricht kam fast wie ein inneres Diktat.

Die Botschaft enhielt die Vision eines Projektes, das heute als das Center for Attitudinal Healing bekannt ist. Mir wurde gesagt, ich solle ein pädagogisches Zentrum einrichten, in dem auch die medizinische Versorgung gewährleistet sein solle und das auf den spirituellen Grundsätzen des *Kurses in Wundern* beruhen würde. Zunächst sollte es ein Zentrum für Kinder mit lebensbedrohlichen Krankheiten sein. Ironischerweise wurde all dies in einer Zeit verwirklicht, als ich mich selbst fast zu Tode trank und ständig Angst vor dem Sterben hatte. Meine innere Führung sagte mir, daß diese Kinder mir helfen würden, Leben und Tod mit anderen Augen zu sehen. Indem ich ihnen half, würde ich lernen, die Angst vor dem Leben und vor dem Tod zu verlieren. Alle Dienste würden umsonst sein, und ich würde meine Zeit freiwillig diesem Projekt zur Verfügung stellen. Ich sollte mir keine Sorgen um Geld machen, sondern darauf vertrauen, daß Gott für alles sorgen würde.

❦

Das Center for Attitudinal Healing in Tiburon, Kalifornien, wurde Ende 1975 gegründet. Heute kommen zu uns nicht nur Kinder und Erwachsene mit tödlichen Krankheiten, sondern wir bieten auch Kurse für Menschen an, die lernen möchten, das Heilen innerer Einstellungen auf ihr eigenes Leben anzuwenden.
In der Kindergruppe sind Kinder mit lebensbedrohlichen Leiden sowie deren Geschwister und weitere Familienangehörige. Es kommen auch Kinder zu uns, deren Eltern tödlich erkrankt sind. Uns besuchen sowohl Erwachsene als auch Kinder, die AIDS haben, und wir haben Selbsthilfegruppen für deren Partner, Freunde und Familien eingerichtet.
Seit vielen Jahren haben wir ein telefonisches Netzwerk, das ich gerne »Liebesnetzwerk« nenne. Dieses Netzwerk bringt Menschen zusammen, die ähnliche Probleme haben, damit sie in Kontakt kommen und sich gegenseitig helfen können.
Ein weiterer großer Bereich unserer Arbeit ist unser »Mensch-zu-Mensch-Programm«. Hier bringen wir Menschen zusammen, die die Anwendung der Grundsätze für die Heilung von inneren Einstellungen üben möchten, etwa Kommunikation ohne Verurteilung, Vergeben oder es zu unterlassen, Ratschläge zu geben.

Das Konzept der Heilung von inneren Einstellungen beruht auf der Überzeugung, daß es möglich ist, sich für Frieden statt für Streit, für Liebe statt für Angst zu entscheiden, ganz gleich, in welcher Situation wir uns befinden.
Innere Einstellungen heilen heißt schmerzliche, ängstliche Einstellungen loslassen. Gesundheit definieren wir im Zentrum als »innerer Friede«, und Heilen ist der Prozeß, in dem wir unsere Angst loslassen. Wir glauben, daß Liebe die stärkste heilende Kraft in der Welt ist. Die Grundsätze, die wir anwenden, gelten auch für den Prozeß, bei dem wir lernen, unserem inneren Lehrer zuzuhören.
Es gibt zwölf Grundsätze für das Heilen von inneren Einstellungen: *

1. Wir sind unserem Wesen nach Liebe.
2. Gesundheit ist gleichbedeutend mit innerem Frieden. Heilung heißt die Angst loslassen.
3. Geben und Nehmen sind eins.
4. Wir können die Vergangenheit und die Zukunft loslassen.
5. Es gibt keine andere Zeit als das Jetzt, und jeder Augenblick ist da, um zu geben und zu vergeben.
6. Wir können lernen, uns selbst und andere zu lieben, indem wir vergeben statt zu verurteilen.
7. Wir können lernen, Wissende um die Liebe statt Besserwisser zu sein.
8. Wir können beschließen und uns selbst anweisen, innerlich friedlich zu sein, ganz gleich was außen geschieht.
9. Wir alle sind füreinander Schüler und Lehrer.
10. Wir können uns auf das ganze Leben ausrichten, statt nur auf Bruchstücke davon.
11. Da Liebe ewig ist, muß der Tod nicht als etwas Beängstigendes betrachtet werden.
12. Wir können andere immer als Wesen betrachten, die entweder Liebe verbreiten oder um Hilfe rufen, um lieben zu können.

* Unser Zentrum hat diese Grundsätze auf Lesezeichen gedruckt. Sie sind umsonst, und wenn Sie eines davon möchten, schreiben Sie an das Center for Attitudinal Healing, 19 Main Street, Tiburon, CA 94 920, USA. Bitte legen Sie einen adressierten Briefumschlag mit internationalem Antwortschein bei.

Andere Zentren

Als ich 1976 in London Vorträge hielt, nahm mich ein Freund mit zu einer berühmten Hellseherin namens Ena Twig, die inzwischen verstorben ist. Sie wußte nichts über mich. Trotzdem erzählte sie mir, daß sich die Idee für das Zentrum, das ich gerade gegründet hatte, verbreiten würde, und es schon bald überall auf der Welt ähnliche Zentren geben würde. Zu der Zeit dachte ich, sie sei eine reizende alte Dame, die nicht wußte, was sie sagte.

Zu meinem Erstaunen und meiner großen Freude erwiesen sich ihre Voraussagen als richtig. Heute gibt es in der ganzen Welt verteilt über vierzig solcher Zentren zur Heilung von inneren Einstellungen. Wäre mir das 1975 bei meinen ersten Anweisungen übermittelt worden, hätte ich wahrscheinlich vor lauter Angst überhaupt nichts getan! Diese und weitere Erfahrungen haben mich zu dem Glauben geführt, daß wir, wenn wir die Stille aufsuchen und der inneren Stimme zuhören, nur soviel an Information erhalten, wie wir zu dem Zeitpunkt brauchen oder annehmen können.

Wo ist mein Platz?

Jeden Tag erlebe ich neue Lektionen im Zuhören – und auch neue Widerstände. Ein Ereignis, das 1976 geschah, übertrifft alle anderen. Es war ein gewaltiger Test für mich; ich mußte mich entscheiden, ob ich auf die Stimme meines rationalen Verstandes, meines »gesunden« Menschenverstandes, die Stimme meiner Wünsche oder auf diese ruhige, besonnene Stimme in meinem Herzen hören wollte. Ich hatte vor, nach North Carolina zu fahren, um an einem Wochenendseminar über den *Kurs in Wundern* teilzunehmen. Ich freute mich darauf, weil ich dort viele Freunde treffen würde, die ich lange nicht gesehen hatte. Ich wollte Samstagmorgen reisen und hatte bereits mein Flugticket. Zu meiner großen Überraschung erhielt ich jedoch am Mittwoch davor bei meiner Morgenmeditation die innere Anweisung, mein Ticket zurückzugeben und zu Hause zu bleiben.

Meine erste Reaktion war, darauf nicht einzugehen und diese Botschaft einfach als Ausdruck meiner Verrücktheit zu sehen. Ich glaubte zu wissen, was ich tun wollte, und würde nicht auf irgendeine »dumme« Stimme in mir hören. Den ganzen restlichen Tag und dann wieder am nächsten Morgen tauchte die gleiche Botschaft immer wieder in meinem Bewußtsein auf.

Schließlich gab ich auf und reichte mein Ticket zurück. Aber ich wurde nicht friedlicher. Statt dessen nahm meine Unruhe noch zu. Ich dachte erneut, daß ich etwas sehr Dummes getan hätte. Am Freitagabend war ich so ärgerlich auf mich, daß ich kaum schlafen konnte. Das Lauschen auf meine innere Führung und die Hingabe an Gott sollten mir Frieden bringen, aber genau das passierte nicht. Ich fühlte mich wieder einmal in der Stimmung, die Bücher über den Kurs wegzuwerfen.

Samstagmorgen, zu der Zeit, wo ich auf dem Weg nach North Carolina gewesen wäre, bekam ich einen Telefonanruf von einem elfjährigen Jungen namens Greg, der einmal für kurze Zeit ins Zentrum gekommen war und der damals Schwierigkeiten hatte, mit den inneren Gefühlen zu seiner Leukämie umzugehen.

Greg sagt zu mir am Telefon: »Sie wissen, daß ich nicht über die Gefühle sprechen konnte, die ich zu meiner Leukämie habe, und auch nicht über meine Gedanken zum Tod. Ich habe mich gefragt, ob Sie vielleicht dieses Wochenende Zeit hätten? Könnten Sie zu mir kommen, damit wir miteinander reden können?«

Ich entgegnete mit großer Freude: »Nun, zufällig bin ich gerade frei. Und ich kann so schnell bei dir sein, wie es dauert, in mein Auto zu springen und zu dir zu fahren.«

Es wurde einer der schönsten Tage meines Lebens. Greg war imstande über Dinge zu reden, die er niemals zuvor mit einem Menschen besprochen hatte. Er stellte mir scharfsinnige Fragen zu meiner Einstellung zum Tod. Die Büchse der Pandora öffnete sich für uns beide. Es war ein Tag der Heilung, der Tränen und des Lachens. Ich war so glücklich, daß ich auf meine innere Stimme gehört und Zeit hatte, für Greg dazusein. An diesem Tag wußte ich genau, wo ich hingehörte. Und ich hatte den Glauben in meine Höhere Macht erneuert, die offensichtlich viel

besser als ich wußte, wo ich sein und wie ich meine Zeit verbringen sollte.
Und obendrein hatte ich Gelegenheit, in der entspannten Atmosphäre ihres Zuhauses mit Gregs Eltern zu sprechen. Ich sprach auch mit Gregs jüngerem Bruder. Es war für uns alle ein Tag der Wandlung.
Auf dem Rückweg dachte ich darüber nach, daß ich nicht zu Hause gewesen wäre, um Gregs Anruf anzunehmen, wenn ich auf die Stimme meines Ich gehört hätte, die so sicher zu wissen glaubte, was das Beste für mich war.
Wiederholte Erlebnisse dieser Art haben mir mehr Mut und Ansporn gegeben, die Tatsache zu akzeptieren, daß ich nicht weiß, was ich zu tun habe. Diese Vorfälle weisen mich immer wieder darauf hin, wie wichtig es ist, sich die Zeit zu nehmen, um still zu werden, zu lauschen, zu vertrauen und in der Gegenwart zu bleiben.

❦

Vor gar nicht langer Zeit machte ich eine Erfahrung, die mir auf freundliche Weise zeigte, wie ich in Frieden sein kann. Während ich mit meinem Auto durch die Gegend fuhr, brach der Innenspiegel plötzlich ab und fiel zu Boden. Das war mir noch nie passiert. Ich beschloß, die Straße zu verlassen und über das Geschehene zu meditieren. Folgende Gedanken kamen mir dazu: »Hör auf, rückwärts zu schauen und dich an die Vergangenheit zu klammern. Bleibe immer in der Gegenwart, da wirst du deinen inneren Frieden finden.«
Ich mußte darüber nachdenken, wieviel Zeit unseres Lebens wir damit verbringen, uns über die Zukunft Sorgen zu machen oder an dem Kummer und den Selbstvorwürfen der Vergangenheit festzuhalten. Werde ich genug Geld haben, um meine Rechnungen bezahlen zu können? Warum habe ich letztes Jahr bloß soviel für unseren Urlaub ausgegeben? Werde ich jemals die Beziehung haben, die ich mir wünsche? Werden die Kinder in der Schule gut sein? Wird mein Wunsch nach Beförderung erfüllt werden? Hätte ich doch bloß das Glück gehabt, mit Eltern aufzuwachsen, die ich mir wirklich gewünscht habe!

Die Stimme des Ich, die uns dazu anhält, uns über die Zukunft Sorgen zu machen und an altem Kummer und Selbstvorwürfen festzuhalten, kann uns so zum Narren halten, daß wir glauben, ihr zuhören zu müssen, weil sonst etwas Schreckliches passiert. Und schon sind wir so voll mit Vergangenheit und Zukunft, daß wir keine Zeit für die Gegenwart haben oder sogar vergessen, daß es eine Gegenwart gibt.

Wir müssen einfach nur innehalten und uns selbst daran erinnern, daß wir uns wirklich *entscheiden* können, auf das Ich zu hören und an dessen Gedanken festzuhalten oder unser Denken von der inneren Stimme der Liebe erfüllt sein zu lassen. Wenn wir beschließen, auf die Stimme der Liebe zu hören, rückt die Gegenwart plötzlich in unser Blickfeld, und wir spüren die Liebe, die Gott für uns hat.

Gott den Vortritt lassen

1975 hatte ich keine Straßenkarte für mein Leben und trieb wie ein steuerloses Segelboot auf rauher See. Seit damals habe ich langsam gelernt, der Stille in mir zu lauschen, indem ich mehr meditiere und bete, damit mein ganzes Leben zum Gebet werden kann.

Heute habe ich das Gefühl, daß mein Segelboot ein Steuer hat, und Gott meine Hand führt und mir die Richtung weist. Ich weiß jetzt, daß die treibende Kraft in meinem Leben – der Wind in meinen Segeln – die Reinheit der Liebe ist.

Es gibt immer noch Tage, an denen ich mich auf rauher See befinde, aber überwiegend ist die See ruhig, und ich kann die Wärme der liebevoll scheinenden Sonne genießen.

Die innere Stimme

Wie kann ich wissen, daß ich Deine Stimme höre?
Wie kann ich wissen, daß mein Ich
sich nicht hinter eine Maske versteckt,
um mich erneut zu täuschen?

»Du wirst die Weite
meiner Liebe spüren
im Einklang dessen
was du denkst,
sagst und tust.

Wert wird für dich nur haben,
meiner Stimme zu lauschen,
und als einzigem Ziel
inneren Frieden, Friede in Gott nachzustreben.

Du wirst den Frieden dieses Augenblicks erfahren,
wenn du symbolisch auf dem Kamm
der Welle reitest, mühelos,
ohne ein Gefühl von Zeit.

Weder zurück noch
nach vorn schauend,
wissend, du bist das Wesen
der Welle, endlos wachsend.

Du wirst bereit sein,
die Weisheit der Liebe zu erleben,
zu spüren, daß all deine Brüder
und Schwestern, du selbst und Ich
Eins sind.«

12

Mein Vater

Wenn wir vollkommen
in Gottes Liebe und Güte vertrauen,
werden wir die Angst verlieren
und können dann Liebe und
Güte in uns selbst
annehmen und erfahren.

Während meine Arbeit im Zentrum weiterging, wurde mir klar, daß ich nicht zu innerem Frieden gelangen würde, wenn ich nicht mit meinem Groll aus der Vergangenheit ins reine käme. Ich stellte fest, daß es ganz gleich war, ob diese Unzufriedenheiten groß oder klein waren; jede von ihnen, ganz gleich wie groß, hinderte mich daran, in der Gegenwart Frieden zu erleben, und ließ mich in meinem selbst inszenierten Kampf mit Gott fortfahren.

Wir lehren, was wir selbst lernen wollen. 1976 beschloß ich, ein Rezept für inneren Frieden aufzustellen, ähnlich wie ein Arztrezept. »Unseren Eltern vergeben« schrieb ich als ersten Punkt auf die Liste, weil wir keinen vollkommenen Frieden erfahren und unseren Frieden und unsere Liebe nicht an andere weitergeben können, wenn wir an diesen grundsätzlichen Klagen festhalten.

Zu der Zeit, als ich dieses Rezept schrieb, machte ich meine Eltern bis zu einem gewissen Grade immer noch für mein Unglück und die Persönlichkeitszüge verantwortlich, die mir das Leben schwer gemacht hatten.

Ganz gleich, wie unsere Kindheit aussah, die Wahrheit ist, daß unsere Eltern ihr Bestes getan haben. Hätten wir beim Heranwachsen die gleichen Erfahrungen gemacht wie sie, würden wir uns wahrscheinlich auch genauso verhalten haben wie sie.

Lassen Sie mich Ihnen etwas über das Leben meines Vaters, Leo Jampolsky, erzählen. Er wurde 1891 auf einem kleinen Bauernhof in Rußland geboren und kam als Teenager in die Vereinigten Staaten. Er erzählte oft, er sei einer der ersten Wehrdienstverweigerer der Welt gewesen. Er bewegte sich langsam und war kein Mann von vielen Worten. Er war von einer zurückhaltenden Freundlichkeit, und obwohl er Temperament hatte, zeigte er das selten.

Während der Jahre meines Heranwachsens arbeitete mein Vater vom frühen Morgen bis spät in die Nacht. Er war vollkommen damit beschäftigt, seinen Kindern all die Vorteile zu verschaffen, die er nie gehabt hatte. Ich hielt ihn für arbeitssüchtig. Er schien Angst davor zu haben, Entscheidungen zu treffen; trotzdem kann ich heute sehen, daß er in seinem Leben viele Risiken einging.

Ich erinnere mich daran, mir gewünscht zu haben, daß er mehr wie die Väter anderer Kinder wäre, die immer stark, entschlossen und unerschrocken zu sein schienen. Als ich erwachsen wurde, gab ich ihm die Schuld an meinen Schwierigkeiten, weil ich das Gefühl hatte, mich mit seinen negativsten Eigenschaften identifiziert zu haben und genauso ein Mensch geworden zu sein wie er.

Andererseits hielt jeder in unserer damaligen Nachbarschaft meinen Vater für eine freundliche Seele. Er hatte sehr gütige Augen und hielt für jeden Menschen stets einen warmherzigen Gruß bereit. Er mochte Baseball und nahm mich gerne mit zu den Spielen.

Obwohl er meiner Mutter gewöhnlich nachgab, spielten sich bei uns, wie in den meisten Familien, viele Streitigkeiten ab, wenn es darum ging, Entscheidungen zu treffen. Es gab Zeiten, zu denen ich mir die Schuld an diesen Konflikten gab. Dann versuchte ich, den Friedensstifter zu spielen, ohne jedoch Erfolg damit zu haben.

Ein Beispiel für die Schwierigkeiten meiner Eltern, sich offen miteinander auszutauschen, ereignete sich, als mein Bruder Les, der damals in der Schweiz war, um seinen Doktor zu machen, um Geld bat. Meine Mutter wollte ihm keins geben. Mein Vater hingegen nahm ohne ihr Wissen Geld aus der Schublade, in der das Bargeld aufbewahrt wurde, um es meinem Bruder zu schicken.

In meiner frühen Kindheit schlug ich mich auf die Seite meines Vaters und gab meiner Mutter Schuld an den Konflikten zwischen den beiden. Er tat mir oft leid. Er arbeitete viel in seinem Laden, schien aber in seinem Privatleben keine Macht zu haben. Es war, als hätte er das beste im Leben verpaßt und sich einfach entgleiten lassen. Ich erinnere mich daran, daß ich sehr überrascht war, als er mir erzählte, er habe einmal Konzertviolinist werden wollen. Natürlich hatte er diesen Traum niemals verfolgt, und, so viel ich weiß, niemals eine einzige Geigenstunde genommen.

Mein Vater sprach fast niemals über seine Gefühle. Zu Hause verbrachte er seine Zeit hauptsächlich damit, Radio zu hören, was kaum Raum für Gespräche ließ.

In meinen Erinnerungen an ihn gibt es auch viele wunderbare gemeinsame Familienerlebnisse, und ich weiß, daß er ein fürsorglicher und liebevoller Mensch war und sehr viel dafür tat, uns schöne

Augenblicke zu bereiten. Häufig gingen wir freitags abends alle zusammen angeln, und im Sommer haben wir gezeltet und kamen aus der Stadt weg. Wenn ich an diese Zeiten zurückdenke, kann ich erkennen, daß sich darin viel Liebe zeigte.
Ich erinnere mich daran, daß in meiner Kindheit alles, was ich tat, schief zu gehen schien. Als hyperaktiver und körperlich unbeholfener Dyslexiker muß ich jeden in meiner Umgebung halb verrückt gemacht haben. Damals wußte man über Dyslexie und Hyperaktivität nicht so viel wie heute, und ich bin sicher, daß meine Eltern über mein Verhalten ebenso bestürzt waren wie ich. Sie müssen geglaubt haben, daß ich aufgrund meiner Schwierigkeiten niemals in der Lage sein würde, die Träume zu erfüllen, die sie für mich hegten.
Mein Vater hörte tagsüber wie abends fast die ganze Zeit Nachrichten im Radio, ganz gleich, was er dabei tat. Ich glaube, damit wollte er seinen eigenen ängstlichen Gedanken entkommen. Ich wußte nie, was in ihm vorging. Meistens sorgte er für die mütterlichen, nährenden Qualitäten in der Familie. Als ich noch klein war, mochte ich diese Eigenschaften an meinem Vater oft sehr, aber manchmal betrachtete ich sie auch als Schwächen. Es hat Jahre gedauert, bis ich entdeckte, daß wahre Stärke aus Freundlichkeit erwächst.
Meine Eltern bewahrten im Küchenschrank einen Lederriemen auf, der bei Vergehen zum Einsatz kam, die ihnen schlimm erschienen. Meine Mutter war die Richterin und sprach das Urteil, während es Aufgabe meines Vaters war, den Riemen anzuwenden. Allzu oft kam das nicht vor.
Ich wurde ein angepaßtes, gehorsames, bedrücktes, schüchternes, ärgerliches Kind. Wie mein Vater hielt ich meine Gefühle verborgen, voller Angst vor Nähe. Das ungeschriebene Gesetz lautete, man habe seine Gefühle zu verstecken und zu verschleiern. Es ist schwer, Nähe zu finden, wenn wir nicht in einer sicheren Umgebung unsere Gefühle mitteilen können.
Ein traumatisches Kindheitserlebnis ist mir bis heute lebhaft im Gedächtnis geblieben. Als ich etwa fünf Jahre alt war, nahm mein Vater mich einmal mit zu einem Geflügelhändler. Wir gingen auf den Hof des Ladens, um zuzuschauen, wie der Schlachter das Huhn tötete, das wir gerade gekauft hatten. Der Mann nahm eine Axt,

schlug dem Huhn den Kopf ab und warf den Körper in eine offene Tonne. Das Blut spritzte über den ganzen Platz, während das geköpfte Huhn noch ein paar Minuten lang Lärm machte und in der Tonne auf und ab flatterte.
Das war eine grauenvolle Erfahrung für mich. Ich wollte verleugnen, was ich sah. Ich versuchte mir die Augen zuzuhalten. Ich wußte einfach nicht, wohin mit meinen Gefühlen, also behielt ich sie für mich. Aber in der Nacht hatte ich fürchterliche Alpträume. Ich habe mich oft in meinem Leben mit diesem Huhn identifiziert. In aufgewühlten Zeiten, wenn mein Ich durchdreht, fühle ich mich genauso wie das Huhn in der Tonne, das kopflos herumflattert.

Widersprüche im Leben meines Vaters

Donnerstags abends ging mein Vater zum Ringkampf, und manchmal begleitete ich ihn. Damals wußte ich das nicht, aber heute kann ich sehen, daß diese Kämpfe für meinen Vater eine wunderbare Möglichkeit waren, sich abzureagieren. Ich war an den Abenden, an denen er mich mitnahm, gerne mit ihm zusammen, hatte aber an den Ringkämpfen keine Freude. Sie waren für mich der Gipfel an Grausamkeit.
Mein Vater machte sich oft lächerlich und brachte sich in die Position, zur Zielscheibe von Witzen zu werden. Besonders an einen Vorfall kann ich mich erinnern. Die Familie war auf dem Weg, eine Löwenfarm zu besuchen, von der mein Vater in der Zeitung gelesen hatte. Den ganzen Tag lang fuhren wir in Los Angeles herum, um die Farm zu suchen. Schließlich hielten wir an und kauften eine Zeitung, nur um entdecken zu müssen, daß die Farm, von der er gelesen hatte, sich in Illinois befand. Wir alle neckten ihn unbarmherzig. Als ich heranwuchs, wurde auch ich oft zur Zielscheibe von Witzen, derjenige, den andere leicht auf den Arm nehmen konnten. Ich gab meinem Vater die Schuld daran.
Mein Vater war stolz darauf, daß alle seine drei Jungen das College besuchten und Ärzte wurden, aber er war enttäuscht darüber, daß niemand von uns seinen Dattelhandel übernehmen wollte, den er und

meine Mutter im Laufe ihres Lebens aufgebaut hatten. Jedesmal wenn ich meinen Vater veranlassen wollte, über seine Gefühle in dieser Angelegenheit zu sprechen, wechselte er das Thema oder wandte sich von mir ab.
In den letzten Jahren seines Lebens zeigte mein Vater gegen alle Menschen, mit denen er zusammenkam, Dankbarkeit. Er lächelte fast immer und summte vor sich hin. In diesen späteren Jahren fing ich an, die Stärken meines Vaters zu begreifen und auch, was für ein großartiger und bedeutender Lehrer er für mich auf Gebieten wie Akzeptanz, Geduld und Freundlichkeit gewesen war. Ich hatte festgestellt, daß mir diese Charaktereigenschaften fehlten, aber schließlich konnte ich doch noch durch sein Beispiel lernen.
Einige Jahre, bevor er starb, spielte mein Vater im Alter von zweiundneunzig Jahren unbeabsichtigt eine Rolle bei der Heilung eines Konfliktes zwischen meinem Bruder Art und mir. Er hatte bei Art gewohnt, besuchte mich aber auf ein Wochenende in meinem Haus. Art und ich beschlossen, mit meinem Vater in die Dusche zu gehen, ihn zu duschen und ihm die Haare zu waschen.
Er beschwerte sich bitterlich darüber, daß ihm die Haare gewaschen wurden. Plötzlich wurde uns bewußt, daß wir die Rollen getauscht hatten: Unser Vater war das Kind, und wir waren die Eltern. Mein Bruder und ich erinnerten uns an das sonnabendliche Ritual, bei dem er uns früher die Haare wusch, während wir uns bitterlich darüber beschwert hatten.
Plötzlich kam es zu einer Verbindung zwischen meinem Bruder und mir. Vater vereint zu baden und ihm gemeinsam unsere Liebe und Fürsorge zukommen zu lassen, gab uns die Gelegenheit, wieder ein Gefühl von Einigkeit, Zärtlichkeit und Gemeinsamkeit zu empfinden. Die Lektion für mich lautete, daß wir nie wissen können, wann oder wo Heilung geschieht.

Gemeinsam Stille erfahren

Mein Vater war nie imstande gewesen, in Worten mitzuteilen, was in seinem Herzen vorging. Aber ich lernte durch ihn, daß Worte für

Liebe und das Einswerden der Herzen gar nicht notwendig sind. Er hatte Angst vor dem Sterben, aber er sprach nicht darüber. Er hatte es gerne, wenn ich ihm Geschichten von all den Kindern erzählte, mit denen ich gearbeitet hatte und die dem Tod gegenübergestanden und meine Lehrer gewesen waren. Ich glaube, daß diese Geschichten ihm halfen, mit seinem eigenen Sterben Frieden zu schließen und darüber nachzudenken, daß der Tod nicht zu Trennung führt.

Es gibt ein lustiges Ereignis, das ein Jahr vor seinem Tod geschah und das ich Ihnen gerne mitteilen möchte. Mein Vater verbrachte nach meinem Dafürhalten unglaublich viel Zeit damit, Löcher in die Luft zu starren. Ich dachte, ich könne ihm helfen, diese Zeit fruchtbarer zu verbringen, indem ich ihm das Meditieren beibrachte. Nachdem ich ihm ein paar einleitende Fragen gestellt hatte, führten wir ein ziemlich tiefgehendes Gespräch darüber, wie er mit den Gedanken in seinem Verstand umging und wie wichtig ein ruhiger Geist für ihn war. Er wußte nicht, was das Wort »Meditation« bedeutete. Aber es wurde sehr deutlich, daß er genau das viele Jahre lang getan hatte. Er brachte mir an diesem Tage einiges darüber bei, keine voreiligen Schlüsse zu ziehen.

Wir verbrachten während seiner letzten Monate schöne stille Zeiten miteinander. Worte waren für keinen von uns notwendig. Es bestand kein Zweifel an der Zärtlichkeit und Liebe, die wir füreinander empfanden. Bevor er starb, hatten wir beide das Gefühl, mit allem abgeschlossen zu haben, was uns betraf. Darum war es für mich ein ziemlicher Schock, als ich sechs Monate nach seinem Tod einen Gefühlsausbruch hatte.

Ich schrieb gerade einen Artikel, der einen Absatz über ihn enthielt, und plötzlich liefen mir die Tränen über das Gesicht. Ich schluchzte. Ich vermißte meinen Vater. Da waren noch mehr Gefühle in mir, die ich unterdrückt hatte. Wie dankbar ich dafür war, ihm so nahe zu sein und seine Anwesenheit ganz real zu spüren. Es steht für mich jetzt außer Frage, daß ich, wenn ich um Anleitung bete, seine Anwesenheit spüre, die mir die ganze Zeit hilft.

Vertrauen in Gott

Als mein Freund Hugh Prather mich einmal fragte, ob ich mich an irgendwelche Kindheitserlebnisse erinnern könne, bei denen ich die Anwesenheit Gottes gespürt und ihr vertraut hatte, fiel mir eine Begebenheit mit meinem Vater ein. Ich war etwa fünf Jahre alt, und wir waren gerade von einem Sonntagsausflug zurückgekehrt. Es wurde dunkel, und ich war im Wagen eingeschlafen.

Mein Vater nahm mich hoch und trug mich ins Haus, um mich ins Bett zu bringen. Als er mit mir durch die Tür ging, öffnete ich für eine Sekunde meine Augen. Ich kann mich erinnern, daß ich lächelte und folgenden Gedanken hatte: »Ich fühle mich sicher in den Armen meines Vaters. Er liebt mich so. Ich werde mich in seinen Armen immer sicher fühlen.« Ich schloß meine Augen und fiel wieder in einen tiefen Schlummer.

Heute ist dieser Augenblick für mich symbolisch für meine Beziehung zu Gott. Es ist, als würde ich jetzt versuchen, die Unschuld des kleinen Kindes in mir wiederzugewinnen, das voller Vertrauen weiß, daß Gott es ganz und gar liebt. Jetzt erlebe ich die Freude, Gottes Liebe durch meine Arbeit im Zentrum weiterzugeben.

❦

Wenn ich auf meine Kindheit zurückblicke, wird deutlich, wie unser gespaltener Geist arbeitet, wie eine Seite sich nur an die negativen Erlebnisse der Kindheit erinnert, bei denen unsere Bedürfnisse nicht befriedigt wurden und wir uns wünschten, unsere Eltern würden anders sein. Eine andere Seite sieht unsere Erfahrungen und unsere Eltern in einem völlig anderen Licht. Wenn ich heute zurückschaue, sehe ich meine Eltern als außerordentlich liebevolle Menschen, die ihr bestes taten, um ihre Kinder großzuziehen. Sie hatten ihre Ichprobleme wie wir alle, aber sie handelten nach bestem Wissen und leisteten in der Erziehung ihrer Kinder perfekte Arbeit und brachten diesen Ehrlichkeit, menschlichen Anstand und den Mut, Hindernisse zu überwinden, bei.

Ich habe lange Zeit gebraucht, um die Tatsache zu akzeptieren, daß wir fortfahren, unseren Eltern die Schuld an den Verletzungen zu geben, die wir im Leben erlitten zu haben glauben, solange wir wünschen, es wäre mit ihnen anders gelaufen. Solange wir an solchen Gedanken festhalten, werden wir niemals zu innerem Frieden gelangen.

Viele von uns projizieren ihren Kindheitsärger auf die vielen neuen Menschen, die in unser Leben treten. In dem Versuch, die Probleme zu lösen, die wir mit unseren Eltern hatten, agieren wir in unserem Erwachsenenleben das gleiche Drama mit anderen Menschen immer wieder aus.

Wenn wir Frieden finden wollen, ist es wichtig, zur Ursache unserer Probleme vorzudringen. Ich glaube, daß die meisten unserer Probleme sowohl in unserem persönlichen als auch in unserem beruflichen Leben aus der Tatsache resultieren, daß wir an unversöhnlichen Gedanken über unsere Eltern und Gott festhalten.

Wenn wir nur für einen Augenblick in unserer festgetretenen Bahn innehalten würden, könnten wir vielleicht erkennen, daß es in Gott keine Sünde gibt und daß auch unsere Eltern und wir selbst keine Sünden begangen haben. Wir alle machen Fehler, aber Fehler können vergeben werden. Wir sind nicht hier, um zu urteilen, sondern um zu vergeben.

Wir müssen uns unsere Verletzungen eingestehen und sie nicht aus unserem Bewußtsein verbannen. Aber wir müssen sie durch Vergebung auch wieder loslassen. Und das dauert nur den Bruchteil einer Sekunde.

Wir können solange nicht frei sein, wie wir uns selbst und unsere Eltern mit unseren Klagen einsperren. Nur durch Vergebung können wir erleben, daß sowohl wir selbst als auch sie frei sind.

Wenn ich meine Fixierungen auf die Vergangenheit loslasse, sehe ich meine Eltern, wie auch andere sie gesehen haben müssen – als gütige Menschen, die hart gearbeitet haben, die versuchten, sich anderen gegenüber liebevoll und anteilnehmend zu verhalten, die ehrlich, treu, anständig und freundlich waren und gegen alle Widerstände im Leben beharrlich standzuhalten versuchten.

Wenn ich beschließe, mein Ich mit seinen Fixierungen auf die negativen Erfahrungen der Vergangenheit loszulassen, beginne ich die Liebe zu spüren, die meine Eltern für mich hatten. Sie haben viele Probleme aus einer sehr schwierigen Vergangenheit bewältigt und ihren Kindern beigebracht, daß jeder Mensch auf dieser Welt etwas bewirken kann, wenn er sich nicht vor Arbeit scheut und sich seinen Zielen widmet.

Ich weiß jetzt, daß meine Eltern mich von ganzem Herzen und von ganzer Seele geliebt haben. Sie waren absolut die richtigen Eltern für mich und brachten mir genau das bei, was ich lernen mußte. Die Schatten der Vergangenheit sind verschwunden, und jetzt gibt es nur noch Licht und Liebe zwischen uns.

Ich spüre die Anwesenheit meines Vaters jeden Tag. In meinen Gedanken fährt er fort, mir eine meiner schwierigsten Lektionen beizubringen – welche Macht Gottes Liebe im Leben eines gütigen Menschen entfalten kann.

13

Meine Mutter

Wenn die Welt erst einmal frei von Schuld ist,
wird es nur noch Liebe und Frieden geben.

Ich habe mir oft im Leben gewünscht, meine Mutter hätte mir – wie die Mütter meiner Freunde es taten – mehr erlaubt und durchgehen lassen. Ich war als Kind wie als Erwacchsener groß in »Wenns«: *Wenn* meine Mutter mich mehr geliebt hätte; *wenn* sie nur nicht so ängstlich gewesen wäre; *wenn*... nun, dann wäre das Leben für mich vielleicht nicht so schwer gewesen. Die *Wenn*-Sicht ist eine gefährliche Perspektive, vom Ich dazu ersonnen, uns im Zustand des Leidens zu halten.

Als Erwachsener wurde ich ein Experte im Rationalisieren. Ich war großartig darin, mir verstandesmäßig zurechtzulegen, warum meine Mutter so war, wie sie war. Und im Kopf glaubte ich, ihr vergeben zu können, was mir als ihre Vergehen erschienen. Trotzdem gab es weiterhin eine Seite in mir, die meiner Mutter Schuld an vielen Schwierigkeiten gab, die ich weiterhin hatte. Die meiste Zeit meines Lebens habe ich mich davor gefürchtet, daß andere Frauen so wären, wie ich meine Mutter wahrnahm, und mich zu kritisieren und zu kontrollieren versuchen würden.

Obwohl ich imstande zu sein schien, meinen Patienten beim Durcharbeiten der Konflikte mit ihren Eltern zu helfen und dabei sogar viel Erfolg genoß, hatte ich weiterhin das Gefühl, mit meinen eigenen Elternproblemen nicht voranzukommen. Eine Seite in mir versuchte immer noch, meiner Mutter zu gefallen und sie dahin zu bringen, daß sie aufhörte, mir Schuldgefühle zu machen.

Die Kopfakrobatik, die ich unternahm, um meiner Mutter zu vergeben, erreichte niemals mein Herz. Im Kopf vergab ich ihr, aber nicht von Herzen. Bevor ich einen spirituellen Weg einschlug, vergab ich ihr niemals ganz. Erst dann begann ich Gottes grenzenlose Liebe und seine grenzenlose Vergebung zu erfahren.

All unsere Erlebnisse sind Lektionen Gottes

Durch meinen Kampf darum, meinen Eltern zu vergeben, begann ich zu verstehen, daß unsere Gefühle, verlassen, abgelehnt, angegriffen oder von unseren Eltern nicht genügend geliebt zu werden, eine Projektion unserer Angst vor Gott sein können. Es ist auch

möglich, daß unsere Tendenz, unseren Eltern und anderen Vorwürfe zu machen oder von Selbstvorwürfen und Schuld besessen zu sein, zur Verschleierung von Schuldgefühlen dient, die wir deswegen empfinden, weil wir uns von unserem Ursprung abgetrennt haben.
Heute ist für mich klar, daß jede Erfahrung, die ich im Leben gemacht habe, genau die Lernerfahrung war, die ich brauchte – auch wenn das zum jeweiligen Zeitpunkt für mich nicht so aussah. Heute bin ich dankbar für jeden Aspekt meines Lebens. Auch wenn ich anderen meine eigenen Erfahrungen nicht verordnen möchte, habe ich doch das Gefühl, daß diese mich stärker gemacht haben. Ich weiß jetzt, daß es möglich ist, jede Erfahrung, die wir mit unseren Eltern gemacht haben, ganz gleich, wie sie aussah, als positive Lehre für unser Leben zu betrachten.

Hätte ich mein Leben heute noch einmal zu leben, würde ich nicht die geringste Kleinigkeit ändern. Ich glaube, daß wir uns in gewisser Weise unsere Eltern aussuchen, und sie bringen uns genau das bei, was wir auf unserer Reise brauchen. An diesem Punkt meines Lebens empfinde ich in meinem Herzen nichts als Liebe und Dankbarkeit für alles, was meine Eltern mir beigebracht haben.

Ich bin auch sehr dankbar für die Lektionen des *Kurses in Wundern*, die mir geholfen haben, meine Sicht von meiner Mutter zu verändern. Und, was genauso wichtig ist, ich bin dankbar für die Lektionen, mit deren Hilfe ich Erlebnisse mit Humor betrachten kann, die mir früher einmal so ernst und schmerzlich vorgekommen waren.

Meine Mutter, Tillie Feldman Jampolsky, wurde in England geboren; ihre Eltern waren von Rußland dorthin ausgewandert. Während ich diese Worte schreibe, ist meine Mutter siebenundneunzig Jahre alt. Manchmal habe ich das Gefühl, daß sie so lange lebt, weil sie mir noch viel mehr beizubringen hat.

Meine Mutter ist 1,57 Meter groß, aber in meinen Augen schien sie immer mindestens drei Meter groß zu sein.

Als Kind stand für mich außer Frage, wer in unserer Familie der Boß war. Ich hatte den Eindruck, daß meine Mutter sämtliche Entscheidungen traf, und ich wagte nie, ihr in die Quere zu kommen. Wir kamen nie mit etwas durch. Als Kind fragte ich sie immer, wie sie auch dann wissen könne, was ich gerade tat, wenn sie gar nicht im Zimmer war. »Ich habe auch hinten Augen im Kopf«, entgegnete sie, und die Erfahrung lehrte mich, ihr zu glauben.

Meine Mutter kam aus äußerst schwierigen Verhältnissen. Von ihrer Mutter, die starb, als meine Mutter ein Teenager war, fühlte sie sich niemals wirklich geliebt. Wenige Jahre vor dem Tod ihrer Mutter erzählte ihr älterer Bruder ihr, daß ihre Mutter sie niemals geliebt habe, weil sie ein Adoptivkind sei. Erst nach dem Tode ihrer Mutter fand sie heraus, daß das eine Lüge war. Ihr ganzes restliches Leben vertraute sie niemandem mehr.

In einem Sommer, als ich siebzehn Jahre alt war, fuhr ich meine Angehörigen von Kalifornien nach New York, wo wir sämtliche Friedhöfe Brooklyns besuchten und nach dem Grab ihrer Mutter Ausschau hielten. Meine Mutter hatte den starken Wunsch, dieses Grab zu besuchen, als hätte sie den Plan gefaßt, mit ihrer Mutter Frieden zu schließen. Diese Tour verlief äußerst traurig, weil wir das Grab nirgends finden konnten. Ich glaube nicht, daß meine Mutter je die Geborgenheit, nach der sie suchte, in der Beziehung zu ihrer Mutter finden konnte.

Obwohl meine Mutter sämtliche Entscheidungen in der Familie traf, fiel ihr das nicht leicht. Wenn sie zum Beispiel Kleidung für sich kaufte, war sie immer unzufrieden mit ihrer Wahl und schickte die Sachen an den Laden zurück.

Heute kann ich sehen, daß meine Mutter ihr ganzes Leben lang ihren eigenen Kampf mit Gott ausfocht. Sie hatte kein Vertrauen in andere Menschen, hatte kein Vertrauen in Gott und vertraute auch sich selbst nicht wirklich.

So wie sie aufgewachsen war, fiel es meiner Mutter tatsächlich schwer, Liebe zu geben, weil sie immer noch Schuldgefühle hatte und selbst glaubte, nicht liebenswert zu sein. Sie war sowohl der furchtsamste Mensch als auch die übertrieben beschützendste Mutter, die ich kannte.

An heißen Sommertagen ließ sie mich Pullover tragen aus Angst, ich könne Zug bekommen und mich erkälten. Ich übernahm dieses Glaubenssystem und bekam häufig Erkältungen, nachdem ich mich

in Zugluft aufgehalten hatte. Sie war äußerst zärtlich und herzlich, wenn ich krank war, und so wurde ich natürlich ein kränkliches, anfälliges Kind.
Nicht daß meine Mutter ansonsten nicht liebevoll gewesen wäre. Wie meine Großmutter war auch sie eine sehr gute Köchin, und das war ein Weg, auf dem sie ihre Liebe ausdrückte. Sie war auch davon überzeugt, daß übermäßige Strenge und Kontrolle eine Form von Liebe seien.
Es gab viel Angst und Unoffenheit bei uns zu Hause. Meine Mutter hörte oft auf zu sprechen, wenn ich ins Zimmer kam, wodurch bei mir das Gefühl entstand, daß sie tiefe, dunkle Geheimnisse in bezug auf mich hatte. Ihre Zunge war so scharf wie ihr Verstand, und obwohl sie das nicht beabsichtigte, machte sie anderen oft Schuldgefühle.
Mein Mutter war niemals glücklich darüber, daß ich Psychiater wurde. Sie sagte mir immer, das sei einer von diesen »trickreichen« Berufen, wo versucht würde, alle Schuld den Eltern zuzuschieben. Sie war davon überzeugt, daß Menschen all ihre Probleme allein lösen konnten, indem »sie sich am eigenen Schopf aus dem Sumpf zogen«. Schon das Aufsuchen eines Psychiaters war ein Zeichen von Schwäche, noch schlimmer war es, einer zu werden. Sie pflegte zu sagen, das ganze Gebiet von Psychiatrie und Psychologie sei reine Masche und Gaunerei. Ironischerweise hat ihr Interesse an Ratgebersendungen im Radio, wo Menschen anriefen, um Hilfe für ihre Probleme zu bekommen, mich bei meiner Berufswahl beeinflußt.
Mit meiner Entscheidung, einem spirituellen Weg zu folgen, war sie ebensowenig glücklich. Tatsächlich machte sie sich zunehmend Sorgen um meine geistige Gesundheit.
Meine Mutter war voller Widersprüche. Einerseits schien sie sehr starr und fest in ihrer ganzen Art zu sein – einfach unverbesserlich. Andererseits zeigte sie eine erstaunliche Flexibilität und einen großen Wissensdurst. Als ich für die Matson Navigation Company als Chirurg an Bord eines Schiffes arbeitete, kamen meine Eltern nach Wilmington, Kalifornien, um mit mir an Bord zu Mittag zu essen. Es war ein schöner, ruhiger Tag, und der große, luxuriöse Liniendampfer hatte sicher am Dock festgemacht. Nach fünf Minuten auf dem Schiff wurde meine Mutter seekrank und mußte gehen.

Ich bewunderte sie sehr dafür, daß sie zwei Jahre später mit meinem Vater auf demselben Schiff nach Hawaii fuhr. Und sie wurde nicht einmal seekrank.
Obgleich meine Mutter ihre eigene entschiedene Art hatte, die Dinge zu sehen, war ich doch beeindruckt von der Offenheit, mit der sie neues Wissen aufnahm. Vor fünf Jahren zum Beispiel zeigte sie Interesse, mit mir über die Möglichkeit zu sprechen, ob es so etwas wie Wiedergeburt geben könne. Ein weiteres Beispiel: Vor etwa zehn Jahren fand ich heraus, daß sie jeden Morgen um zwei Uhr wach war, um sich eine Radiosendung über Sex anzuhören. Als ich nachfragte, lächelte sie und sagte, daß sie dabei eine Menge Dinge lerne, die sie nie zuvor gewußt habe, und fuhr mit einem Augenzwinkern fort, daß ein einundneunzigjähriger Freund, der ihr im Flur gegenüberwohnte, letzte Woche geheiratet habe.
Ihr gefiel meine Arbeit mit Kindern und Erwachsenen, die an tödlichen Krankheiten litten, aber sie hatte etwas dagegen, daß ich dem Zentrum meine Zeit unentgeltlich zur Verfügung stellte. Sie machte sich große Sorgen um mein Einkommen. Eines Tages sagte sie zu mir: »Jerry, höre auf deine Mutter. Ich bin die einzige, die dir die Wahrheit sagt. Du bist ein Narr, wenn du im Land herumreist und über Liebe, Vergebung und Gott redest. Laß das doch religiöse Menschen tun. Sei ein guter Arzt. Geh zurück in deine Praxis und gib deinen Patienten ihre Pillen. Dazu sind Ärzte da.«

Gefällig sein ist nicht Lieben

Selbst als Erwachsener versuchte ich noch, die Anerkennung meiner Mutter zu gewinnen, aber sie schien mir immer zehn Schritte voraus zu sein. 1980, als sie neunundachtzig und ich fünfundfünfzig Jahre alt war, bat sie mich, ihr einen neuen Arzt zu suchen. Ich wußte, daß sie keinen Respekt vor jungen Ärzten hatte. Um ihr gefällig zu sein und keine Schwierigkeiten mit ihr zu bekommen, wählte ich einen erfahrenen Arzt in meinem Alter. Dann erzählte ich ihr ganz zuversichtlich, ich hätte einen neuen Arzt für sie gefunden. Wie erwartet, lautete ihre allererste Frage: »Wie alt ist er?« Zuversichtlich erzählte

ich ihr, er sei fünfundfünfzig Jahre alt – genauso alt wie ich. »Aber ich möchte keinen Doktor in deinem Alter – er ist zu jung, um zu wissen, was er tut!« sagte sie.
Ja, sie brachte mir sehr viel über Geduld bei.

❦

Als ich die Arbeit an meinem Buch *Die Kunst zu vergeben* beendete, fragte sie mich, ob das wieder so ein Buch über Vergebung sei. Ich bestätigte es. Vollkommen ernst sagte sie: »Wenn du weiter diese Bücher über Vergebung schreibst, werde ich dich in Verlegenheit bringen und ein Buch darüber schreiben, wie wichtig es ist, *nicht* zu vergeben. Menschen tun Schlechtes, und das sollte man ihnen nicht vergeben.«
Es gab keine Widerrede. Aber ich spürte, daß sie unbewußt ihre Gedanken und Gefühle sich selbst betreffend beschrieb.
Sie fuhr fort: »Alle denken, ich sei der ängstlichste Mensch, den sie je gekannt haben, und du bist der gleichen Meinung, stimmt's?« – »Ja, Mutti, das weißt du doch«, nickte ich. »Nun, siehst du nicht, wie unrecht du damit hast? Ich bin zweiundneunzig Jahre alt und habe aufgrund all meiner Ängste so lange gelebt. Und du mußt einfach noch einmal von vorn anfangen und die Bücher, die du geschrieben hast, neu schreiben.«
Zähigkeit und Beharrlichkeit steckten ihr im Blut. Wenn es irgendeine Möglichkeit gab, mir Schuldgefühle zu machen, fand sie sie schließlich stets heraus. Und sehr häufig war ich ihr gegenüber sehr offen und war ihr gefällig wie ein gehorsamer, guter, ergebener Sohn.
Einmal fuhr ich nach Whitehorse, Kanada, um dort einen Vortrag zu halten. Whitehorse liegt hoch im Norden Kanadas und ist eine wunderschöne Gemeinde. Ich rief meine Mutter von einer öffentlichen Telefonzelle im Flughafen aus an, einfach um zu sehen, wie es ihr ging. Ihre erste Reaktion war: »Ich glaube dir nicht einen Augenblick lang, daß du in Whitehorse in Kanada bist. Du lügst. Ich weiß, daß du immer noch in San Francisco bist.« Sie fuhr fort, mit der größten Überzeugung zu sagen: »Du lügst, nur weil du deine einsame Mutter nicht besuchen willst. Was für ein schlechter Sohn du bist!«

Um das Ganze auf die Spitze zu treiben, sagte sie dann: »Ich werde dir beweisen, daß du lügst. Gib mir deine Telefonnummer, und ich werde zurückrufen und beweisen, daß du nicht dort bist.« Ich sagte: »Mutti, ich rufe aus einer öffentlichen Telefonzelle in Kanada an.« Sie schrie: »Hör auf, mich anzulügen, und gib mir endlich die Nummer!« Ich tat, was sie mir gesagt hatte, voller Neugier, was weiter passieren würde. Natürlich klingelte ein paar Minuten später das Telefon. Ich hörte die Stimme meiner Mutter und dachte, sie würde auch meine hören. Aber bevor wir ins Gespräch kommen konnten, legte sie auf.

Als ich sie eine Woche später besuchte, lenkte ich das Gespräch behutsam auf den Anruf nach Kanada. Ich sagte ihr, ich hätte gedacht, daß sie wirklich meine Stimme hört, und fragte, was geschehen sei. Sie tat die Sache prompt ab, indem sie sagte: »Nun, natürlich habe ich dich gehört. Aber ich werde doch kein gutes Geld verschwenden, nur um deine Stimme zu hören.« Es stellte sich heraus, daß sie den Hörer aufgelegt und sich, um nicht bezahlen zu müssen, bei der Vermittlung darüber beschwert hatte, mich nicht hören zu können. Dann wechselte sie das Thema.

Immer wenn ich gegen ihre harten Ecken und Kanten anrannte, mußte ich mir ihre zahllosen Widersprüche bewußt vor Augen führen. Trotz ihrer Verachtung für Psychologie und Psychiatrie hörte sie sich oft Ratgebersendungen in Radio und Fernsehen an; sie interessierte sich wirklich dafür, wie Menschen ihre Probleme lösen könnten. Als meine Eltern sich nach Phoenix zurückzogen, arbeitete sie freiwillig in einem Altenheim. Sie hatte Freude daran, und die Menschen in dem Heim schätzten sie für ihre Arbeit. Immer wenn ich die Beurteilungen meines Ich beiseite lasse, kann ich ihre starke spirituelle Seite sehr viel deutlicher sehen, und mir wird klar, daß sie immer ein Mensch mit sehr viel Anteilnahme gewesen ist.

Obwohl ich niemals genau gewußt habe, was ihr das bedeutete, werde ich mich stets daran erinnern, daß sie, als ich ein Junge war, eine kleine Statue von Gandhi besaß. Wir haben darüber niemals gesprochen, aber ich möchte annehmen, daß sie von ihm und seiner tiefen Anteilnahme für sein Volk begeistert war.

Weil meine Mutter oft die Botschaft aussandte, daß nichts richtig sei, hielten viele Menschen sie für eine unglückliche Frau, die sich ständig beklagte. Sie machte Gästen manchmal Schuldgefühle, indem sie ihnen erzählte, sie würden sie nicht oft genug oder nicht lange genug besuchen. Die Folge war, daß viele Leute, einschließlich ihrer Enkel, ihre Besuche einschränkten. Außerdem kam sie nicht gut mit der Oberschwester in dem Pflegeheim zurecht, in dem sie jetzt lebt.

Vor wenigen Jahren wurde mir klar, daß ich ihre Entscheidung, unglücklich zu sein, akzeptieren mußte und nicht zulassen durfte, mich schuldig oder verantwortlich für diese Wahl zu fühlen, wenn ich meiner Mutter bedingungslose Liebe entgegenbringen wollte. Ich begann, jedesmal, bevor ich sie besuchte, zwanzig Minuten lang zu meditieren. Ein Teil der Meditation bestand darin, mich daran zu erinnern, daß es nicht meine Aufgabe war, ihr zu gefallen, sondern sie zu lieben und zu akzeptieren. Das hieß meinem Wunsch zu widerstehen, sie in irgendeiner Weise verändern zu wollen. Es hieß auch, das Bild loszulassen, das ich in meinem Denken unbewußt für sie bereit hatte, das Bild einer kleinen alten Dame, die sanft, freundlich, glücklich und liebevoll war.

Ich ließ all meine früheren Versuche los, sie glücklich zu machen. Es war jetzt völlig in Ordnung, daß sie sie selbst war. Mein eigener innerer Friede wurde mein einziges Ziel.

Nachdem ich das getan hatte, entdeckte ich, daß ich mich viel friedlicher fühlte. Meine Mutter mußte sich nicht im geringsten verändern. Und jetzt betrachtete ich ihr Verhalten nicht mehr als Angriff auf mich. Ich begann zu sehen, daß sie ein Mensch mit sehr vielen Ängsten ist. Sie hat Angst vor dem Sterben. Sie hat Angst, die Kontrolle zu verlieren. Sie hat Angst, keine Liebe geben oder annehmen zu können.

Einige Monate nach diesen Veränderungen bat sie mich um meine Kassettenserie *Lieben heißt, die Angst verlieren*. Diese Bitte überraschte mich wirklich. Ich brachte ihr die Kassetten, und sie fing an, sie sich anzuhören. Schon bald hörte die Oberschwester, mit der meine Mutter Streit gehabt hatte, sich die Kassetten mit ihr zusammen an. Zu meiner Überraschung begannen beide mit den Grundsätzen von Vergebung, Güte und Freundlichkeit übereinzustimmen.

Und von heute auf morgen lächelten die beiden und redeten miteinander. Ihre Beziehung war geheilt worden. Ich möchte annehmen, daß sie die Ängste und das Angriffsdenken überwanden, die sie getrennt hatten, und die Liebe füreinander in ihren Herzen zuließen.
In der nächsten Woche bat meine Mutter mich und Diane Cirincione, meine spirituelle Partnerin, ihr einige der Bücher mitzubringen, die ich geschrieben hatte. Sie hatte das Gefühl, daß sie auf den Bücherwagen des Pflegeheims gehörten und daß »das Zeug« für die Menschen dort nützlich sein könne. Sie gab meine Bücher einer Freundin, die sieben Jahre lang nicht mit ihrer Schwester gesprochen hatte. Nach der Lektüre der Bücher vergab die Frau ihrer Schwester, und jetzt reden die beiden wieder miteinander. Meine Mutter lachte und sagte: »Weißt du, die Sache mit dem Vergeben funktioniert tatsächlich.« Ich war wirklich erstaunt.
Statt sich zu beklagen, daß wir nicht lange genug blieben, schaute sie auf die Uhr und sagte uns, wir sollten gehen, wir hätten doch bestimmt noch andere Dinge zu tun. Wir konnten miterleben, wie Güte und Dankbarkeit in ihr aufblühten. Sie begann sogar das Wort »Liebe« zu benutzen.
Schon bald begann meine Mutter uns auf den Mund zu küssen, statt uns ihre Wange zum Kuß zu reichen. Als das zum ersten Mal geschah, war ich tief bewegt. Für mich war das der Beweis, daß wirklich Wunder geschehen, und wir uns mit Hilfe von Annehmen und Vergebung für Liebe öffnen.
Ich staunte darüber, was passiert, wenn wir mit dem Versuch aufhören, einen anderen Menschen zu ändern oder ihm zu gefallen, und statt dessen zulassen, daß Gottes Liebe in die Beziehung eingeht. Wie einfach und wie wirkungsvoll!
Ich glaube, daß meine Mutter mit ihren über neunzig Jahren eine spirituelle Wandlung erlebte. Mein Bruder, der ziemlich andere Überzeugungen hat als ich, ist davon überzeugt, daß meine Mutter einen Schlaganfall hatte. Ich sehe es so, daß sie weiterhin lehrt, daß nichts unmöglich ist und daß die Macht bedingungsloser Liebe und Güte keine Grenzen kennt. Alte Schmerzen und Narben sind verschwunden und durch grenzenlose Dankbarkeit und Liebe ersetzt worden.

Bei ihrer Feier zum sechsundneunzigsten Geburtstag war meine Mutter imstande, all ihre Kerzen auszublasen. Sie ist geistig so wach wie immer und erledigt ihre Aufgabe weiterhin gut – nämlich dafür zu sorgen, daß wir alle auf Draht bleiben.
Vor kurzem saß ich bei einem Besuch lange Zeit am Bett meiner Mutter und hielt einfach nur ihre Hand. Wir brauchten keine Worte, um unsere Liebe auszudrücken und unsere Zusammengehörigkeit zu genießen, deswegen sprach lange Zeit keiner von uns. Als es für mich Zeit wurde zu gehen, lächelte sie und sagte: »Weißt du, Jerry, ich liebe dich nicht nur, ich habe dich auch gern!«

Unseren Eltern vergeben

Ich verbringe sehr viel Zeit mit Erwachsenen, die dabei sind, ihren Eltern zu vergeben. Meine eigenen Bemühungen auf diesem Gebiet meines Lebens waren mir eine unschätzbare Hilfe, um diesen Prozeß zu verstehen und andere dazu zu ermutigen.
Manchmal versetze ich mich in meine Eltern hinein und versuche mir vorzustellen, daß ich genauso aufgewachsen wäre wie sie und ihre Eltern und ihre Umgebung mir etwas über Angst und Liebe beigebracht hätten. Wenn ich das tue, habe ich sehr viel mehr Mitgefühl mit ihnen und kann ihnen Ereignisse, die in meiner Kindheit scheinbar schiefgingen oder nicht so liefen, wie ich es wollte, sehr viel besser vergeben.
Unsere Beziehungen zu unseren Eltern heilen wir nicht, indem wir die Verletzungen oder den Ärger, die wir empfinden mögen, verleugnen, sondern indem wir uns erlauben, diese Gefühle zu spüren und auszudrücken. Wir müssen unseren Eltern diese Empfindungen nicht direkt zeigen, aber wenn wir sie ausdrücken – ob nur für uns oder in einem sicheren spirituellen oder therapeutischen Rahmen –, können wir anfangen, unsere Verletzungen und unseren Ärger zu sehen und die Verantwortung dafür übernehmen.
Wir können unseren Eltern dann vergeben, wenn wir die Spinnweben aus unserem Denken entfernen, wenn wir uns erlauben, uns unseren Ärger und unseren Schmerz anzuschauen, und ihn dann loslassen, weil wir wissen, daß es keinen Wert hat, diese Gefühle

fortzusetzen oder an ihnen festzuhalten. Wenn wir diese Fixierungen loslassen, strömt Liebe in unser Herz, und wir sind frei zu sagen: »Ich möchte den Ärger und die Verletzungen loslassen, von denen ich das Gefühl habe, meine Eltern hätten sie mir zugefügt. Ich möchte um Vergebung bitten und sie ganz und gar lieben können.«
Vergebung heißt nicht, sich überlegen zu fühlen oder unsere Eltern zu bemitleiden, weil sie es nicht besser gewußt haben. Vergebung geschieht, wenn wir verstehen, daß wir als Menschen alle unser Bestes tun und nicht mehr verlangen können. Vergebung heißt, bewußt zu beschließen, Ärger keinen Wert mehr beizumessen und zu begreifen, daß wir alle in Gottes Licht leben, daß wir alle eins sind und die Isolation, die wir empfinden, lediglich Teil der Illusionen des Ich ist. Vergebung heißt, die falschen Wahrnehmungen loszulassen, die das Ich uns gern glauben machen möchte. Wirklichen inneren Frieden beginnen wir dann zu erfahren, wenn wir unseren Eltern vollkommen vergeben, wenn wir aufhören, einen Wert darin zu sehen, daß wir ihnen oder uns selbst Vorwürfe machen oder Schuldgefühle haben. Innerer Friede tritt dann ein, wenn wir die Welt mit unserem Herzen, aus unserer eigenen strahlenden, neuen Sicht wahrnehmen, für die es keine Trennung gibt, und herausfinden, daß Liebe unsere einzige Realität ist.
Es gibt eine wundervolle Stelle im *Kurs in Wundern*: »Für Wunder gelten keine Schwierigkeitsgrade.« Ich habe das nicht immer geglaubt, aber heute bin ich davon überzeugt.

Die Alpträume meines Lebens scheinen zu verschwinden,
sobald ich aufhöre zu interpretieren, was ich sehe,
und es Gott überlasse, alles für mich zu deuten.

Ich glaube, die wichtigste Gleichung
der Welt lautet,
daß die Fülle unseres Herzens
im direkten Verhältnis dazu steht,
wieviel Liebe wir geben.

Meine Mutter starb am Samstag, den 19. November 1988, morgens um 4.45 Uhr im Schlaf. Zwei Tage vorher war sie an einer Lungenentzündung erkrankt und schien halb im Koma zu sein, als ich sie Freitag abend besuchte. Ich beschloß, die Nacht an ihrem Bett zu verbringen, und es war für mich ein Segen, daß ich bei ihr sein konnte, als sie starb. Sie ging sehr sanft und friedlich hinüber. Sie hörte einfach still zu atmen auf.
Ich glaube nicht, daß es so einen Menschen wie sie noch einmal geben wird. Sie lehrte uns alle, beharrlich zu sein, niemals aufzugeben, und zeigte uns, daß nichts unmöglich ist und wir nie zu alt sind, um uns zu verändern.
Sie hatte es immer gern, wenn mein Bruder Art und ich ihr eingelegte Heringe und Zimtrollen mitbrachten. Ich habe den Verdacht, daß die eingelegten Heringe der Grund für ihr langes Leben waren.
Sie hätte in ihren letzten Jahren nicht liebevoller und gütiger zu allen Menschen sein können, und in ihren letzten Monaten, als ihre Kraft schwand, bestand ihr Vokabular nur aus vier Worten, die sie immer wieder sagte: »Ich liebe dich. Danke.« Ich muß immer wieder denken, daß es uns und der ganzen Welt viel Frieden schenken würde, wenn wir alle nur diese vier Worte im Kopf und auf den Lippen haben würden.
Meine Mutter war uns allen eine strenge und wunderbare Lehrerin. Ich liebe sie und vermisse sie sehr. Ich empfinde es als Privileg, daß ich Ihnen von ihr erzählen konnte.

14

Von besonderen zu heiligen Beziehungen

Zärtlichkeit und
Güte
gehen Hand in Hand.

Denn wo es Angst
nicht gibt,
da ist nur Liebe…

Und wo nur Liebe ist,
finden wir Zärtlichkeit
und Güte
Seite an Seite.

Ab 1975 konzentrierte sich mein Leben ganz auf die Menschen im Zentrum. Ich reiste auch, um Vorträge und Workshops über meine Bücher und die Heilung von inneren Einstellungen zu halten. Tag und Nacht ging ich völlig im Zentrum und seinen Veranstaltungen auf. Es war keine Arbeit – es war reine Freude.
Zusätzlich zu meinen anderen Aktivitäten verbrachte ich viel Zeit damit, Berge von Post von Menschen mit einer großen Bandbreite von Problemen zu beantworten, und sprach außerdem viele Stunden am Tag am Telefon mit Menschen aus aller Welt. Ich sagte mir, daß ich für nichts anderes als die Arbeit Zeit habe, schon gar nicht für enge persönliche Beziehungen. Ich erkannte zu der Zeit nicht, daß es nicht nur mein voller Terminkalender, sondern vor allem meine Angst war, die mich von wirklicher Nähe abhielt.
Heute ist mir sehr klar, daß wir unsere Arbeit selbst dann als Abwehr dagegen benutzen können, uns mit unseren Gedanken und Gefühlen auseinanderzusetzen, wenn wir meinen, einen spirituellen Weg zu gehen.
Sicherlich entspricht das Phänomen der »Arbeitssucht« zum Teil der Tatsache, daß wir mehr am »Tun« als am »Sein« interessiert sind. Aufgrund unserer Angst vor Nähe beschließen wir, unser Leben lieber mit »Tun« auszufüllen, statt uns Zeit zu nehmen, uns unsere intimsten Gedanken anzuschauen. Howard Caesar, Geistlicher an der Unity Church of Christianity in Houston, wies mich neulich darauf hin, daß man Intimität und Nähe auch als »In-mich- Hineinsehen« verstehen kann. Das bedeutet zuzulassen, daß ein anderer Mensch uns so sieht, wie wir wirklich sind.
Ich habe festgestellt, daß sich viele Menschen, so auch ich, zwar Nähe wünschen, gleichzeitig aber Angst davor haben. Wir haben Angst, abgelehnt zu werden, wenn ein anderer Mensch uns so sieht, wie wir uns selbst wahrnehmen.
Die Möglichkeit, enge persönliche Beziehungen zu anderen Menschen zu haben, hatte ich mit dem Vernunftargument abgetan, mein früheres Versagen auf diesem Gebiet sei ein Zeichen dafür, daß es mir einfach nicht bestimmt war, menschliche Nähe zu genießen. Ich hatte in meiner Arbeit aufzugehen. Schluß, aus.

Ganz gleich, wie gut wir uns selbst einreden können, genau zu wissen, was wir tun und welche Gründe wir dafür haben – Gott hat seine eigene Art, uns leicht auf die Schulter zu klopfen, um uns daran zu erinnern, daß wir unser Drehbuch nicht selbst schreiben. Mag sein, daß sich darin Gottes Güte zeigt, sein Wissen, daß seine Botschaft für uns zu überwältigend sein könnte, wenn er sie direkt an uns richtete.

Diane Cirincione

Meine Beziehung zu Diane Cirincione begann Monate, bevor ich ihr persönlich begegnete. Eines Sonntags öffnete ich zu Hause meinen Briefkasten und fand einen Brief vor, den jemand eingeworfen hatte. Der Brief war nicht unterschrieben, was ich seltsam fand.

Der Text war schön. Es ging um das Thema Tod und Sterben. Ich steckte den Brief in meine Jackentasche und machte mich auf den Weg nach San Francisco, wo ich einen Vortrag über genau dieses Thema halten sollte. Mitten in meiner Rede beschloß ich, den Brief vorzulesen, und er fand sehr gute Aufnahme. Ich wußte nicht, daß die Person, die ihn geschrieben hatte, sich unter den Zuhörern befand. Sie war eigentlich gekommen, um sich an diesem Tag einen anderen Redner anzuhören, ohne zu wissen, daß ich auf der Rednerliste stand. Sie hatte keine innere Anweisung, sich mir an diesem Tag vorzustellen, sagte aber später, sie habe das Gefühl gehabt, daß ich ihren Brief vorlas, sei ein freundliches Zeichen dafür, daß ich vielleicht auch ähnliche Texte verstünde, wie sie sie jeden Tag empfing. Erst mehrere Monate nach diesem Vortrag begegnete ich diesem Menschen – Diane Victoria Cirincione.

Für mich ähnelten Dianes Texte denen von Dr. Helen Schucman, die zusammen mit Dr. William Thetford dem *Kurs in Wundern* zum Dasein verhalf. Sie schrieb wie nach einem inneren Diktat. Dianes innere Stimme hatte ihr gesagt, daß sie mich treffen und in bezug auf ihr Schreiben um Rat bitten solle, aber sie hatte beschlossen, diese Anweisung erst einmal zu ignorieren.

Als sie am 20. August 1981 in ihr Büro fuhr, bleib ihr Auto dann direkt vor unserem Zentrum liegen. Diane hatte das Gefühl, daß dieser Vorfall ein starkes Zeichen dafür sei, ihre innere Stimme nicht

länger zu ignorieren. Sie ging zu meinem Büro und klopfte an die Tür. Als ich öffnete, durchfuhr es uns beide. Ich sprach gerade mit jemandem in meinem Büro und bat sie deswegen, in etwa einer halben Stunde, wenn ich Pause machen würde, wiederzukommen.
Als sie zurückkam, verbrachten wir etwa zwanzig Minuten miteinander. Mein Herz tat an jenem Tag mehrmals einen Sprung. Es war Viertel vor sieben Uhr morgens, und Diane, die auf dem Weg in ihr Büro gewesen war, um Aufräumarbeiten zu erledigen, hatte alte Kleider an. Trotzdem waren innere und äußere Schönheit bei ihr so im Gleichgewicht und eine Freundlichkeit ging von ihr aus, wie ich es zuvor noch bei keinem Menschen erlebt hatte. Ich war so gefangengenommen von ihrer Gegenwart, daß es mir schwerfiel, ihren Worten zu lauschen. Diese Erfahrung hatte etwas Atemberaubendes, das erstaunliche Gefühl einer uralten Vertrautheit – das Gefühl, daß wir uns in einer anderen Zeit, an einem anderen Ort bereits begegnet waren. Es war, als kämen zwei Seelen zusammen, die sich früher schon oft gekannt hatten. Mein Büro schien sich im Glanz der Energie zwischen uns aufzuhellen.
Wir verabredeten uns für zwei Wochen später in meinem Büro. Es war eine schwierige und chaotische Zeit für mich. Die Stimme meines Ich plapperte unaufhörlich auf mich ein. Mir war durchaus bewußt, daß der Zaun, den ich so sorgfältig um mein Herz errichtet hatte, für einen Augenblick lang gefallen war, und mein Ich wollte ihn reparieren und sogar noch höher ziehen.
Mein Ich ging sogar so weit, einen sprituellen Jargon zu benutzen, um mich gefangen zu halten. Meine Unterhaltung mit mir selbst sah ungefähr wie folgt aus: »Schließlich befindest du dich auf einem spirituellen Weg. Das letzte, was du dabei gebrauchen kannst, ist eine neue ›besondere Beziehung‹ zu einer schönen Frau, die einundzwanzig Jahre jünger ist als du. Du willst einfach deine eigene Jugend wiedergewinnen. Hör auf, herumzufantasieren. Wenn das eine romantische Beziehung wird, führt sie dich fort von Gott. Es ist bereits schwer genug für dich, Gott zu finden. Bau dir nicht noch mehr Hindernisse auf.«
Als ich versuchte, dagegen zu argumentieren, unterbrach mich mein Ich: »Wie oft soll ich dir noch sagen, daß du bei Frauen immer ein

Versager sein wirst? Enge Beziehungen gingen für dich immer schief, und so wird es auch bleiben. Das Ganze wird sowieso nur damit enden, daß du verletzt wirst und auch ihr weh tust. Sie ist gekommen, um deine Hilfe für ihr Schreiben zu erbitten, nicht um eine Beziehung mit dir einzugehen. Reg dich nicht über deine Einsamkeit auf. Sie ist dein Schicksal. Sei sachlich und hilf ihr, wenn du sie siehst. *Aber verabrede dich auf keinen Fall wieder mit ihr!«*

Da gab es noch eine andere kleine Stimme in mir, die sagte, Diane sei ein Geschenk Gottes und in mein Leben getreten, um mir beizubringen, daß der Weg nach Hause zu Gott darin bestand, eine enge Beziehung zu einem anderen Menschen in eine heilige Beziehung umzuwandeln. Bei all diesem inneren Geschnatter hatte ich das Gefühl, meinen Verstand zu verlieren.

Als Diane und ich das nächste Mal zusammentrafen, versuchte ich, sachlich zu sein und emotional Distanz zu ihr zu wahren, während ich innerlich wie versteinert war vor Angst. Ich wollte so sehr das Richtige tun und nicht wieder in die Fallgrube von Schmerz und Leiden geraten.

Nachdem ich versucht hatte, kühl, distanziert und sachlich zu sein, hörte ich mit Erstaunen, wie ich zustimmte, sie erneut in meinem Büro zu empfangen, um mit ihr ihre spirituellen Texte über die Evolution des Bewußtseins einer Einzelseele zu diskutieren.

Einige Monate später faßte ich den Mut, Diane zum Essen einzuladen. Wir verbrachten eine ziemlich intensive Zeit. Ich erkannte nicht, welch einflußreiche Lehrerin sie in den kommenden Jahren für mich sein sollte. Als ich automatisch die Rechnung bezahlen wollte, sagte Diane freundlich, daß sie ihren Anteil selbst bezahlen würde und ich mir einmal anschauen solle, von welchen Annahmen ich ausginge.

Diane hat mir auch weiterhin geholfen, meine Annahmen zum Thema Mann-Frau-Beziehungen zu durchdenken. Ich hatte gedacht, daß ich meine alten männlich-chauvinistischen Züge abgelegt hätte, aber da irrte ich mich. Viele dieser Züge waren mir immer noch zu eigen, ohne daß mir das ins Bewußtsein drang.

Ich fand Dianes Texte nicht nur schön, sondern sie waren mir auch persönlich eine große Hilfe. Sie hatte sie bis jetzt nur zwei weiteren Menschen gezeigt, aber die Texte gaben einem so viel Aufschwung, daß ich Diane um Erlaubnis bat, sie bei meinen Vorträgen vorzulesen. Sie stimmte zu, aber nur unter der Bedingung, daß ich versprach, nicht zu erzhählen, wer sie geschrieben hatte.
Ihre medialen Texte kamen beim Publikum außerordentlich gut an, und sehr viele Zuhörer baten um Kopien. Ich ermutigte Diane zu der Zeit, ihre Texte zu veröffentlichen, aber sie hatte damals und für die nächsten sechs Jahre die innere Anweisung, sie nicht herauszugeben.
Diane und ich haben von Anfang an auf tiefster Ebene gespürt, daß wir eine intensive und zärtliche Seelenverbindung zueinander haben. Ihr Blick war so strahlend und gütig, daß er mich von Kopf bis Fuß durchdrang. Aber an der Oberfläche gab es viele Dinge, die für uns beide Konflikte brachten. Meine alten Zweifel, ob es sicher sei, einem anderen Menschen zu vertrauen, kamen wieder zum Vorschein. Diese Zweifel vermischten sich mit ungelösten Gefühlen, wie Eifersucht und Besitzdenken, von denen ich irrtümlicherweise angenommen hatte, ich hätte sie überwunden. Meine alten Filme liefen wieder ab. Ich begriff, daß ich vieles zum Thema persönliche Beziehungen einfach zugeschüttet hatte, statt den Versuch zu machen, es durchzuarbeiten.
Wir brachten beide aus früheren persönlichen und geschäftlichen Beziehungen Schuldgefühle mit. Es geschah oft, daß wir beide den Gedanken hatten, in entgegengesetzte Richtungen zu laufen, weg voneinander.
Eines abends – unsere Beziehung war etwa zwei Jahre alt – stellte ich fest, daß ich wütend auf Diane wurde. Sie wollte einfach nicht in die Schablone passen, die ich für sie vorgesehen hatte. Oder mit anderen Worten: Diane tat nicht, was ich von ihr wollte; sie ging nicht auf meine Bedürfnisse ein.
Ich begann Dianes durchaus gesunde Unabhängigkeit als Zeichen ihrer Ablehnung zu interpretieren. Ich ignorierte sämtliche spirituellen Grundsätze, die ich bislang auf mein Leben anzuwenden versucht hatte. In der Hitze meines Ärgers, den ich für richtig und

gerechtfertigt hielt, tat ich alles, was mir nur einfiel, um sie abzuwerten und mir recht zu geben. Ja, ich hatte wieder einmal beschlossen, recht zu haben, statt glücklich zu sein.
Ich ging an diesem Abend aufgebracht, verbittert und deprimiert zu Bett. Trotzdem hatte ich, als mein Kopf auf das Kissen sank, noch die Geistesgegenwart, Gott um Hilfe zu bitten. Ich wünschte mir Frieden und nicht diesen inneren Aufruhr, den ich empfand. Ich wachte gegen zwei Uhr morgens mit dem dringenden Bedürfnis auf, mich hinzusetzen und zu schreiben.
Das Resultat war eine Meditation über Freundschaft, die sich für mich und viele andere als hilfreich erwiesen hat. Heute gibt es sie als Poster zusammen mit einem Foto von meinen Eltern, Hand in Hand im Alter von neunzig Jahren. Dieser Text hat mir geholfen, Freundschaft auf eine völlig neue Weise zu betrachten.

Freundschaft

Ich danke dir dafür, daß du mir beibringst, was Freundschaft ist – eine Beziehung ohne Bedürfnisse, in der das Interesse am Wohlergehen des anderen dem Interesse an der eigenen Person entspricht; ein innerer Zustand, in dem es keine Angst, keine Schuld, keine Angriffe, keine Verwundbarkeit gibt; wo es für dich und andere in Ordnung ist, mich so zu sehen, wie ich wirklich bin; wo ein ständiges Geben und Vergeben ist; wo wir nur den einen Wunsch haben: zu helfen, freundlich und geduldig zu sein; wo es keine Vergangenheit oder Zukunft, sondern nur die Gegenwart gibt; wo jeder Augenblick ein Augenblick totaler Liebe und totalen Loslassens ist, ohne Festhalten, ohne Fixierungen und ohne Forderungen.
Daß Freundschaft eine Beziehung ist, in der es nur Licht gibt, nur Verbundenheit in und Teilen von Liebe, ohne andere auszuschließen; wo es unwichtig ist, an welchem Ort wir sind, wie nah oder fern wir uns physisch sind; wo es vollkommene und umfassende Liebe und Akzeptanz gibt, ungeachtet der illusorischen Wahrnehmung einer Trennung durch Raum und Zeit.
Daß Freundschaft ewig ist, ein Zustand, in dem weder Gedanken, Worte noch Taten das geringste Gefühl von Verletzung oder Trennung verur-

sachen können, und wo das Licht des Geistes die einzige Wirklichkeit ist.

Daß wahre Freundschaft ein Zustand von Glückseligkeit ist, in dem wir in uns und im anderen nur das Göttliche Selbst sehen. Ein Zustand innerer Gewißheit, daß wir in Liebe verbunden sind, miteinander und mit Gott, auf ewig.

❦

Ich entdeckte, daß ich aus persönlichen Konflikten lernen und mit Gottes Hilfe meine Sicht von der Beziehung, von mir selbst und der Welt sofort ändern konnte. Wie dankbar ich dafür war. Mit meiner veränderten Sichtweise begann die Beziehung zu Diane auf einer anderen Basis völlig neu.

Es wurde sowohl Diane als auch mir völlig klar, daß unsere Beziehung nicht gut gehen würde, solange wir beide uns nicht verbindlich darauf einließen, Gott in unserem Leben an die erste Stelle zu setzen. Wir begannen, unser Bestes zu tun, um uns von allen Fixierungen zu befreien und jeden Tag »zu lieben und loszulassen«. Gebet und Meditation wurden zu wichtigen täglichen Aktivitäten. Wir bemühten uns jeden Tag aufs Neue ernsthaft darum, unsere persönlichen Pläne loszulassen und Gott den Vortritt zu geben. Es kommt immer noch häufig vor, daß wir uns in der Geschäftigkeit des Tages verlieren und vergessen, »still« zu sein und beiseite zu treten. Aber wir lernen allmählich, daß wir, wenn das geschieht, uns die Zeit nehmen können, uns neu zu entscheiden: Wollen wir Frieden oder Streit?

Bei früheren Beziehungen habe ich immer vorweggeplant, welche Form sie annehmen sollten. Ich hatte das Gefühl, mich versichern zu müssen, daß die Form der Beziehung dieselbe blieb. Es wurde also zu einer ziemlich neuen Erfahrung für mich, uns nicht vorzuschreiben, wie diese Beziehung aussehen sollte.

Im Frühjahr 1984 kam es zu einschneidenden Veränderungen zwischen Diane und mir. Unmittelbar vor einem Vortrag, den ich halten wollte, erkrankte ich an einer Kehlkopfentzündung. Einige andere Mitglieder unseres Teams erboten sich, für mich einzuspringen. Ich hatte geplant, Prosatexte von Diane vorzulesen, also fragte ich sie, ob sie an meiner Stelle lesen wolle. Sie lehnte spontan ab. Als ich sie fragte, ob sie im Gebet danach gefragt habe, sagte sie »Nein«. Sie betete dann, und die Antwortet lautete zu ihrer Überraschung »Ja«.

Diane war einer der zurückgezogensten Menschen gewesen, den ich jemals gekannt habe. Sie hatte niemals vor einem großen Publikum gesprochen. Aber an diesem Abend war es, als hätte sie ihr ganzes Leben lang öffentlich geredet. Das heilende Licht der Liebe, das sie ausstrahlte, berührte jeden. Sie konnte unmöglich ignorieren, wie wunderbar sie von ihrem Publikum aufgenommen wurde.

Nach und nach begannen wir, gemeinsam Vorträge zu halten, und unsere Reisen haben uns um die ganze Welt geführt. Die häufigsten Themen unserer Vorträge und Workshops sind: »Heilung von inneren Einstellungen«, »Heilung von Beziehungen«, »Liebe ist die Antwort« und »Die praktische Anwendung der Grundsätze der Heilung von inneren Einstellungen bei AIDS«.

Es gab einen Abend, an dem unser Persönlichkeits-Ich wirklich deutlich zutage trat. Wir sollten einen Vortrag im Opera House in Seattle, Washington, halten. Das Haus war voll bis auf den letzten Platz, und wir standen hinter dem Vorhang und sollten gleich vorgestellt werden. Ich lugte durch den Vorhang und sah den riesigen Zuschauerraum gerammelt voll mit Menschen. Ich bekam es mit der Angst zu tun und sagte Diane, daß es mir leid täte, aber ich müsse einfach noch einmal zur Toilette. Es war schwierig, hinter der Bühne die Toiletten zu finden, und als ich anschließend versuchte, zur Bühne zurückzukehren, bog ich falsch ab und verlief mich.

Inzwischen hatte Diane mit ihren eigenen Ängsten zu tun; sie fragte sich, was sie tun würde, wenn der Vorhang hochginge und ich nicht da wäre. Wir hatte gerade erst begonnen, gemeinsam zu sprechen, und sie war noch nicht so bekannt. Sie hatte das Gefühl, die Menschen seien an diesem Abend gekommen, um mich zu hören, nicht sie.

Diane erzählte mir später, daß sie, als der Ansager uns ankündigte, noch ängstlicher und wütend wurde und mich am liebsten dafür umgebracht hätte, daß ich sie dort stehenließ, ganz allein der Menge gegenüber. Schließlich beschloß sie, einfach die Wahrheit zu sagen, falls der Vorhang hochginge und ich nicht zurück wäre – daß ich nämlich in letzter Minute zur Toilette gegangen wäre und mich auf dem Rückweg wahrscheinlich verlaufen hätte. Gerade als der Vorhang sich zu heben begann, kam ich atemlos auf die Bühne gelaufen. Ich danke Gott dafür, daß Diane die Erklärung, die sie sich zurechtgelegt hatte, an diesem Abend nicht abgeben mußte.

Im Verlaufe unserer gemeinsamen Arbeit, bei der jeder von uns sein Bestes getan hat, der Stimme seiner eigenen inneren Führung zu lauschen, haben wir festgestellt, daß die männlichen und weiblichen Aspekte in jedem von uns ausgewogener geworden sind. Wenn es eine Erklärung dafür gibt, daß unsere Bemühungen, uns selbst und anderen zu helfen, erfolgreich sind, dann die, daß wir beide jede Anstrengung unternehmen, unsere eigene Ganzheit in der Beziehung zu unserem Schöpfer zu fühlen.

Es gibt ein sehr wichtiges Gebet im *Kurs in Wundern*, das wir für unseren persönlichen Gebrauch leicht abgeändert haben und vor jedem unserer Team-Treffen, Vorträge oder Workshops aufsagen. So können wir unsere Ichs schnell ablegen, Ängste loslassen und das Licht Gottes in uns leuchten und uns von ihm sagen lassen, was wir zu denken, sagen und tun haben. Es lautet folgendermaßen:

> Ich bin allein deswegen hier, um wirklich helfen zu können.
> Ich bin hier, um Dich, Der mich sandte, zu repräsentieren.
> Ich muß mir keine Sorgen darum machen, was ich sagen oder tun soll, denn Du, der Du mich sandtest, wirst mich führen.
> Wo Du mich auch hinzuschicken wünschst, ich bin es zufrieden, denn ich weiß, Du bist bei mir.
> Indem Du mir beibringst zu heilen, werde auch ich geheilt.

Den Wunsch loslassen, jemand »Besonderes« zu sein

Das Glaubenssystem des Ich möchte uns weismachen, daß wir in einer Welt des Mangels leben und daß jemand »Besonderes« in unser Leben treten wird, der uns einfach »umhaut«, alle unsere Bedürfnisse erfüllt, uns mehr liebt als alle anderen, für immer bei uns bleibt und dabei nur einen Wunsch hat: uns glücklich zu machen, ganz gleich, wie wir uns ihm gegenüber verhalten. Da unsere Beziehungen oft auf den inhaltsleeren Illusionen des Ich beruhen, ist es kein großes Wunder, daß es vielen von uns schwer fällt, intime Beziehungen aufrechtzuerhalten.

Wir wollen uns etwas näher anschauen, wie das Ich Beziehungen dazu benutzt, Gottes Gegenwart vor uns zu verbergen. Die Botschaft des Ich lautet, daß es keinen Gott gibt und wir niemandem vertrauen können. So versucht das Ich oft mit aller Macht, andere zu manipulieren, und es macht sich um die Form der Beziehung mehr Sorgen als um deren Inhalt. Das Ich denkt, Beziehungen sollten besessen, kontrolliert und in die Schablonen gepreßt werden, die uns persönlich gefallen.

Wenn wir uns in unseren Beziehungen vom Ich leiten lassen, entwickeln wir anfangs die Illusion von Liebe. Aber in dem Augenblick, in dem unsere Bedürfnisse nicht mehr erfüllt werden, sind die Flitterwochen vorbei. In dem Maße, wie wir frustriert und ärgerlich über das werden, was wir als unbefriedigte Bedürfnisse wahrnehmen, entwickelt sich eine Haß-Liebe.

Ärger, Vorwürfe, Angriff und Verteidigung, Besitzdenken, Eifersucht, Kontrolle, Unaufrichtigkeit, Täuschungen und Verschlossenheit gehören dann zur Tagesordnung. Wenn wir uns mit all diesen Zutaten auf unserem inneren Herd unsere täglichen Mahlzeiten brauen, wird Gott wieder einmal aus unserem Blickfeld gedrängt und ist nirgendwo zu finden.

Wenn ich mir meine früheren Beziehungen sowie auch gewisse Aspekte meiner Beziehung zu Diane ansehe, wird mir mit zunehmender Klarheit die Fähigkeit meines Ich deutlich, einen Nebel zu erzeugen, der so dicht ist, daß ich Gott nicht mehr sehen kann.

Diane und ich haben sehr hart daran gearbeitet, unsere »besondere Beziehung« in eine heilige Beziehung umzuwandeln. Das heißt wir streben danach, unsere Beziehung eher Gott als uns selbst zu widmen, und versuchen unser Bestes, unsere innere Führung anzuerkennen und uns gegenseitig darin zu unterstützen. Wir haben immer noch unsere Zusammenstöße und Krisen, wir machen Fehler und stolpern. Aber mit Hilfe von Vergebung richten wir uns schnell wieder auf. Auch wenn wir oft keine geraden Wege gehen, haben wir das Gefühl, uns in die richtige Richtung zu bewegen. Unsere Egos tun weiterhin alles nur mögliche, um uns unsere Aufgabe zu erschweren.

Je mehr Raum ich Diane und anderen Menschen in meinem Leben lasse und je mehr ich sie akzeptiere, desto mehr Liebe empfange ich. Je mehr ich meine alte Ichbezogenheit loslasse und an Diane und anderen das gleiche Interesse zeige, wie an mir selbst, desto freier und glücklicher bin ich.

Ich habe immer an all den vielen Gefühlen festgehalten, die ich in einer Beziehung erlebt habe. In dem Maße, wie ich lerne, mehr Verantwortung für meine Gefühle zu übernehmen, verringert sich mein Bedürfnis, sie zurückzuhalten.

Diane und ich haben festgestellt, daß es bei Konflikten zwischen uns sehr hilfreich ist, wenn wir uns einfach gegenseitig um Hilfe bitten. Die einfachen Worte, *»Ich brauche Hilfe«*, haben Zauberkraft und bewirken sofort, daß der andere uns liebevoll zuhört. Diese Reaktion unterscheidet sich sehr von früheren Vorgehensweisen, bei denen unser Ich den anderen angreifen oder sich gegen das verteidigen wollte, was er sagte, und wir uns schließlich eher für Streit als für Frieden entschieden haben.

Wenn einer von uns aufgebracht ist, fragt er den anderen, ob er sich stark genug fühlt, um zuzuhören und ihm zu erlauben, ein paar Minuten lang unvernünftig zu sein, und das, was er gleich sagen wird, als Ruf um Hilfe und Liebe wahrzunehmen statt als Angriff. Das hilft uns, Auseinandersetzungen zu vermeiden, die zu dem alten Spiel von Angriff und Verteidigung, Schuldgefühlen und Verurteilungen führen. Es ist erstaunlich, wie bedingungslose Liebe in Form von Zuhören uns unseren inneren Frieden wiederbringen kann.

Wir haben festgestellt, daß die beste Garantie, einen friedlichen Tag und eine friedliche Nacht zu haben, darin liegt, jeden Tag damit zu beginnen und zu enden, daß wir uns auf Gott besinnen und uns auf unseren inneren Frieden als unser einziges Ziel verpflichten.

In dem Maße, wie wir unsere Begrenzungen losgelassen haben, ist die bedingungslose Liebe in unserer Beziehung gewachsen. Das wichtigste ist, daß wir lernen, die arrogante Haltung aufzugeben, mit der das Ich sein eigenes Drehbuch schreibt oder mit der wir uns gegenseitig etwas vorschreiben wollen.

Während unser Wollen immer mehr eins geworden ist, hat unser spiritueller Weg uns zu vielen Orten in der ganzen Welt geführt. Als Co-Direktoren der »Children as Teachers of Peace«, ein Projekt, das wir 1982 mit Freunden zusammen gegründet haben, haben wir Kinder in die Volksrepublik China, in die Sowjetunion und nach Mittelamerika begleitet. Wir empfinden es als Privileg, daß wir als Gottes Katalysatoren haben wirken dürfen, um die Stimmen von Kindern rund um die Welt zu Gehör zu bringen. Wir sind davon überzeugt, daß ihre Hoffnung und ihre Klarheit in bezug auf den Frieden die Hoffnung der ganzen Welt ist, und wir fühlen uns gesegnet, mit kleinen Kindern reisen zu dürfen und so viel von ihnen zu lernen, wie wir es tatsächlich tun.

Wir tun unser Bestes, unser tägliches Leben einfach zu gestalten und kostbare Erfahrungen wie Natur und Stille zu schätzen und zu erleben. Statt wie früher mit Fünf- und Zehnjahresplänen zu leben, konzentrieren wir uns darauf, Tag für Tag zu leben und kontinuierlich um Anweisung und Führung zu bitten.

Zu der Zeit, wo ich dieses schreibe, erhalten wir Anweisung, unsere Energie in die Arbeit mit Kindern und Erwachsenen zu geben, die AIDS haben, sowie den professionellen medizinischen Helfern beizustehen, die mit ihnen arbeiten.

Indem mir durch Diane und andere meine Beziehung zu Gott bewußt geworden ist, habe ich soviel bedingungslose Liebe erlebt und empfangen, wie ich es nie für möglich gehalten hätte. Mein Wissen darum, daß es keinen Kampf mit Gott gibt, festigt sich allmählich, und wenn ich im Widerstreit bin, kann ich jetzt leichter erkennen, daß der Kampf und die Angst sich lediglich in meinem eigenen Denken abspielen.

Ich weiß jetzt, daß Beziehungen nur dazu da sind, daß Menschen sich miteinander verbinden und gegenseitig im anderen Gottes Gegenwart erfahren. Ich bin so dankbar für die vielen Geschenke, die Gott mir mit all den Beziehungen, die ich gehabt habe, hat zukommen lassen.

Viele Menschen interessieren sich für die äußere Form, die Beziehungen annehmen, darum werde ich häufig gefragt, zu welcher Form sich meiner Meinung nach meine Beziehung mit Diane in Zukunft entwickeln wird. Ich entgegne dann: »Ich weiß es nicht. Was ich weiß, ist, daß wir im Herzen füreinander immer Zärtlichkeit und Freundlichkeit empfinden werden. Ganz gleich, ob unsere physischen Körper sich am selben Ort aufhalten oder nicht, unsere Herzen werden immer vereint sein, miteinander und mit Gott, so daß Gottes Licht durch uns leuchten kann und wir mehr Licht in eine Welt bringen können, die durch Angst verdunkelt ist.«

Das Wunder des Schmetterlings

Loslassen und Vergebung sind ein und dasselbe.
Sie bewirken, daß unsere emotionalen Fixierungen sich so auflösen
wie unsere Beschäftigung mit der Vergangenheit.

Ihr Sinn ist die Erfahrung,
daß wir eins sind mit Gott.

In »besonderen Beziehungen« eröffnen uns Loslassen
und Vergebung den Weg, uns aus der Verkettung
mit einem anderen zu befreien, die das Mäntelchen
deckt, der andere habe, was wir brauchen.

Loslassen und Vergebung heißt,
die Schranken und Begrenzungen der
Verpuppung zu transzendieren, um zur reinen Freude, Freiheit
und Schönheit des Schmetterlings zu werden.

Es ist wie das Einssein, das wir sehen, wenn
die Farbschattierungen der Schmetterlingsflügel
mit einem zitternden Blütenblatt in eins verschmelzen.

Es schenkt uns die Erfahrung, daß das Wesen unserer eigenen Liebe
eins ist mit allem, was im Universum lebt.

Wenn wir in einer »besonderen Beziehung«
loslassen und vergeben, geschieht ein Wunder und wir erleben,
wie Eifersucht, Besitzdenken, Ausschließlichkeit
und das Gefühl, den anderen zu »vermissen«,
sich unvermittelt sofort auflösen.

Das Gefühl, etwas von einem anderen Menschen
haben zu wollen, das Bedürfnis,
den anderen zu kontrollieren, zu manipulieren
oder sein Verhalten einzuschätzen,
verschwindet einfach.

Auch die Haß-Liebe einer »besonderen Beziehung«,
den anderen zu hassen oder zu lieben, je nachdem
ob er unsere eingebildeten Bedürfnisse erfüllt oder nicht,
verliert sich.

Infolge dieses Wunders erinnern wir uns und
erkennen wir, daß unser Wesen reine Liebe ist,
und Liebe braucht nichts: sie will nur
aus sich selbst heraus schöpfen.

Das Wunder des Schmetterlings ist ein Symbol für
die Verwandlung von »besonderen Beziehungen« in
heilige, indem wir uns lösen von den Ketten
unserer selbst auferlegten Gefangenschaft.

Im Wunder des Schmetterlings zeigt sich das Wissen, daß
wir alle Eins sind, miteinander und mit Gott, für immer.

15

AIDS
Angst in Liebe und Mitgefühl umwandeln

Öffne dein Herz für Gottes Liebe,
und alle Bedürfnisse, die du zu haben glaubtest,
werden verschwinden.

Die Herausforderung

AIDS ist in den Mittelpunkt meiner Aufmerksamkeit gerückt. Diese Arbeit stellt zweifellos die größte Herausforderung meines Lebens dar. Ich habe in gewisser Weise das Gefühl, daß alles, was ich in den vergangenen Jahren über die Heilung von inneren Einstellungen gelernt habe, eine Vorbereitung auf meine Arbeit mit Menschen war, die AIDS haben.

Ich habe noch nie zuvor ein so schweres Herz gehabt und bin noch nie in bezug auf meine Überzeugungen so auf die Probe gestellt worden wie bei meiner Arbeit mit kleinen Kindern und Erwachsenen in der Blüte ihres Lebens, die ein Leiden haben, für das es zur Zeit keine wirksame Behandlung gibt.

Ich war sehr in Versuchung, mich mit dem Schmerz, dem Leiden und der Hoffnungslosigkeit zu identifizieren, die diese Menschen erleben. Ich war auch versucht, meinen Kampf mit Gott wieder aufzunehmen und mir zu sagen, daß Gott entweder gleichgültig und grausam ist, oder daß es ihn überhaupt nicht gibt.

Es fällt mir immer noch schwer, mich nicht auf die Welt meiner Wahrnehmungen zu beschränken. Um inneren Frieden zu gewinnen, muß ich mir immer wieder sagen, daß ich lehre, was ich lernen will. Und ich stelle fest, daß die Grundsätze des Heilens von inneren Einstellungen für AIDS-Kranke wie auch für deren Freunde und Familien eine große Hilfe sind.

Wir haben uns im Zentrum einige grundsätzliche Fragen gestellt:

1. Wie können wir Menschen mit AIDS helfen und ihnen Hoffnung machen, wenn ihre Ärzte ihnen sagen, daß ihr Leiden tödlich ist?
2. Wie können wir Ärzte und andere medizinische Helfer unterstützen, die selbst unter der Last von Hilflosigkeit, Hoffnungslosigkeit und Niedergeschlagenheit leiden? Sie sehen so viele Leute unter ihrer Pflege sterben und haben aufgrund dieser Erfahrungen wahrscheinlich ihre eigenen Ängste, an AIDS zu sterben.
3. Wie können wir der Öffentlichkeit insgesamt helfen, den Millionen von Menschen, die in Angst und Hysterie verstrickt und nicht ausreichend informiert sind?

Die Menschen, die in unserem Zentrum arbeiten, empfinden es als Privileg, den Individuen und Familien zu helfen, die in dieser Krise stecken. Wir wurden Zeugen von einem Mut, der alles übertraf, was wir bisher beobachtet haben. Wir haben gesehen, wie AIDS-Patienten, ihre Liebespartner und ihre Familien sich mehr Mitgefühl, Zärtlichkeit, Freundlichkeit und bedingungslose Liebe schenkten, als sie selbst jemals zuvor erlebt haben.

Manchmal haben wir beobachtet, daß AIDS-Opfer von ihren Vorgesetzten und Mitarbeitern, von ihren Familien und einigen Ärzten und Zahnärzten sowie von einigen Mitgliedern ihrer Heimatgemeinden abgelehnt wurden. Wir waren Zeugen, wie Menschen mit AIDS, statt anderen Ärger zu zeigen, ihnen vollkommen vergeben haben – und ich bin mir keinesfalls sicher, ob ich mich an ihrer Stelle ebenso hätte verhalten können. Ich habe das große Glück, daß diese kostbaren Seelen mich gelehrt haben, was wirkliche Vergebung unter den schwierigsten Umständen, die man sich denken kann, bedeutet.

Ich habe tapfere Menschen gesehen, die sehr krank und verängstigt waren und die ebenso wie die Menschen in ihrer Umgebung ehrlich ihre Wertsysteme hinterfragt und angefangen haben, sich einige der schwersten Fragen im Leben zu stellen: Worin besteht der Sinn des Lebens? Was ist wahre Realität? Bin ich mehr als nur dieser Körper? Ist der Tod das Ende von allem, oder ist das Leben ewig? Gibt es eine liebende, schöpferische Kraft? Kann ich der Welt vergeben, was mir aus meiner Sicht widerfährt? Kann ich anfangen, mein Leben auf der höchsten Ebene zu leben, immer nur einen Tag auf einmal, allen bedingungslose Liebe geben, leben, um zu geben, statt zu bekommen? Kann ich mein Leben so leben, daß ich mich eher bemühe, der Liebe Inhalt zu geben, statt mich auf die Form meines Körpers zu konzentrieren?

Die Angstepidemie

Es gibt vielleicht in der heutigen Zeit nichts, was mehr Angst und Hysterie auslöst als AIDS. Im Augenblick entwickelt sich AIDS mit rapider Geschwindigkeit zu einem heterosexuellen Leiden, und es

scheint, daß kein Mensch, ganz gleich welcher Altersgruppe oder Nationalität, auf natürliche Weise immun dagegen ist.
In fast jedem Menschen wächst der Gedanke: »Mein Gott, das könnte auch mir passieren!« Das Ich dreht völlig durch aus Angst vor dem eigenen Tod und dem Tod derjenigen, die uns nahestehen. Angst, die ständige Beschäftigung mit dem Tod und der Gedanke, wir könnten zu unschuldigen Opfern des AIDS-Virus werden, können anfangen, unser Denken völlig zu beherrschen. Wenn das geschieht, sucht das Ich verzweifelt nach jemandem, dem es die Schuld zuschieben kann.
Wir können vor Angst und Ärger so blind werden, daß wir anfangen, andere Menschen anzugreifen und uns von ihnen zu isolieren. Wenn wir uns fürchten, neigen wir zu irrationalem Verhalten. Manche Menschen können von der Angst so in Besitz genommen sein, daß sie in blinder Verzweiflung Homosexuelle, Drogenabhängige, Prostituierte und sogar Kinder, die AIDS haben, sowie deren Eltern angreifen.
Das verrückte Ich wird bei seinen Bemühungen, Schuldige zu finden, häufig den Finger anklagend auf Gott richten. Wenn es sich die Erklärung zurechtlegt, daß Gott rachsüchtig sein muß, hören wir Bemerkungen wie: »AIDS ist Gottes Art, Homosexuelle für ihre sexuellen Sünden zu bestrafen.« Das Ich geht vielleicht sogar noch weiter und will uns weismachen, daß die Eltern eines Kindes mit AIDS für ihre Missetaten bestraft werden.
Wenn die Angst um unser Denken und unser Herz eine hohe Mauer errichtet, entsteht eine Dunkelheit, in der – so scheint es – weder Vergebung noch Gott zu finden sind. Wir entwickeln dann Mißtrauen und Verfolgungswahn und reden uns selbst ein, daß diese Gefühle vernünftig und intelligent seien.
Wenn wir von Angst, Ärger und Hysterie beherrscht werden, weigern wir uns, neue Informationen aufzunehmen, und bleiben im Zustand der Unwissenheit. Die Angst führt dann zu einem rigiden Denken, das die wissenschaftlich belegte Tatsache ignoriert, daß AIDS nur durch sexuelle Beziehungen, das gemeinsame Benutzen von Infusionsnadeln oder Blutübertragungen verbreitet werden kann.

Die Tatsache, daß AIDS nicht durch flüchtigen Kontakt übertragen werden kann – weder in einem Restaurant, in Geschäfts- oder Klassenräumen noch durch Benutzung eines Toilettensitzes oder durch Niesen –, wird von einem ängstlichen Verstand völlig beiseite gelassen.

Diese Angst mit ihrer verengten Wahrnehmung schafft eine Welt ohne Liebe, Mitgefühl und Anteilnahme, eine Welt voll Isolation. Das Ich rechtfertigt es dann als akzeptabel und vernünftig, zuerst an die eigene Person zu denken, selbst wenn das heißt, einen anderen Menschen zu verletzen, indem man ihm kündigt, sich weigert, ihn im Restaurant zu bedienen, oder indem man ein Kind von der Schule ausschließt.

Diese Angst hat einige Menschen dazu gebracht, nach einem Gesetz zu rufen, um Menschen, die AIDS haben oder die den AIDS-Virus in sich zu tragen scheinen, unter Quarantäne zu stellen. Diese Angst kann selbst ansteckend sein. Während die Krankheit sich weltweit verbreitet, stecken Menschen sich auch reihenweise mit der Angst an.

Die AIDS-Krise beschränkt sich nicht mehr auf Afrika, Haiti, New York und San Francisco. AIDS ist nicht mehr eine Krankheit, die nur »die anderen« trifft. AIDS geht heute jeden von uns etwas an. Höchstwahrscheinlich wird in naher Zukunft jeder von uns ein Familienmitglied, einen Freund oder einen Bekannten haben, der an dieser Krankheit leidet oder den Virus in sich trägt.

Die AIDS-Krise bietet Patienten und all denjenigen, die mit ihnen in Kontakt kommen, die Gelegenheit, genau zu untersuchen, worum es im Leben eigentlich geht, worin unser Lebenssinn besteht und welche Gefühle wir hinsichtlich des Todes haben. Sie schenkt uns die Gelegenheit, uns zu entscheiden, ob wir uns auf die Qualität und den Inhalt unseres Lebens konzentrieren wollen oder auf die äußeren Formen, die unser Leben annimmt. Und sie stellt uns vor die Aufgabe, wahres Mitgefühl und bedingungslose Liebe zu lernen. Mit anderen Worten, sie stellt eine neue Gelegenheit zur persönlichen und spirituellen Wandlung dar. Diese Zeit gibt jedem von uns die Möglichkeit zu erkennen, daß unsere wahre Identität eine spirituelle und keine physische ist.

Wir können ein neues Verständnis von Heilung entdecken, indem wir uns daran erinnern, daß Heilung heißt, unsere Vergangenheit und unsere Angst loszulassen. Dann können wir uns der Erkenntnis öffnen, daß Heilung vielleicht weniger mit dem Körper zu tun hat und vielmehr *ganz* von der Einstellung unseres Herzens und unseres Denkens abhängt. Es ist an der Zeit, daß wir uns von Angst und negativen Gedanken heilen und nicht nur von körperlichen Leiden. Es ist an der Zeit, daß wir unsere Angst vor dem Tod und vor der Zukunft loslassen und daran glauben, daß Leben und Liebe ein und dieselbe ewige Kraft sind.

William Blake hat einmal gesagt: »Wenn die Pforten unserer Wahrnehmung gereinigt sind, wird alles uns so erscheinen, wie es wirklich ist ... unendlich.«

Unsere heutige Aufgabe besteht darin, unsere Sicht der Welt zu verändern. Dann können wir anfangen, eine Wirklichkeit zu erfahren, die über unsere Wahrnehmung hinausgeht, eine Wirklichkeit, in der es keine Isolation gibt und in der Liebe und Gott unsere einzige Realität sind.

Wenn es jemals eine Zeit gegeben hat, in der wir uns nicht von der Liebe abwenden dürfen, dann jetzt. Mit einer Haltung der Anteilnahme, bei der wir jeder anderen Seele das gleiche Interesse entgegenbringen wie uns selbst, können wir unsere selbst errichteten Schutzzäune abbauen, unsere Herzen öffnen und unser Vertrauen und unseren Glauben der Liebe und einem liebevollen Schöpfer überantworten.

Ich glaube, daß jeder von uns heute vor folgender Herausforderung steht: *Sind wir bereit, die Angst, die die Menschheit selbst fabriziert und auf die sie sich jahrhundertelang fixiert hat, durch Liebe und Mitgefühl zu ersetzen?*

Gab es jemals einen besseren Zeitpunkt als eben jetzt, als genau diese Sekunde, um die Entscheidung zu treffen, nicht die Angst, sondern allein die Liebe hoch zu achten?

Die AIDS-Programme im »Center for Attitudinal Healing«

Aktives Interesse am Thema AIDS bekam ich 1982. Ich dachte, daß unser Zentrum sowohl der Öffentlichkeit als auch den AIDS-Kranken wertvolles Handwerkszeug zu bieten habe. Damals erkannte ich nicht, daß das für mich eine neue Gelegenheit sein würde, meinen Glauben an Gott auf die Probe zu stellen.

Es ist für mich ein großer Segen, daß Kinder mit AIDS sowie deren Eltern, erwachsene AIDS-Patienten und deren Liebespartner, Freunde und Familien von Menschen mit AIDS und die vielen Mitarbeiter am Zentrum meine Lehrer gewesen sind.

1983 sprach ich mit dem Direktor des Zentrums, dem Team und der Leitungskommission darüber, unsere Arbeit auf AIDS-Patienten und deren Familien auszudehnen. Obwohl viele Teammitglieder für die Idee offen waren, sagten andere, sie seien zu überarbeitet, um sich noch weiter zu verausgaben. Ich traf auch bei einigen Patienten des Zentrums auf Widerstand.

Die Teammitglieder, die die Arbeit mit AIDS befürworteten, fragten sich, ob das, was die anderen zurückhielt, vielleicht schlichtweg Angst war und nicht Überarbeitung. Da das Zentrum darauf basiert, daß wir uns für Liebe statt für Angst entscheiden, hatten wir das Gefühl, uns zunächst einmal von unseren eigenen Ängsten heilen zu müssen, bevor wir weitermachen konnten.

Es war deutlich, daß wir im Zentrum entschieden die Haltung entwickeln mußten, daß wir umzulernen hatten. Wir luden AIDS-Experten ein, vor unserem Team zu sprechen, und besuchten auch AIDS-Behandlungszentren. Es dauerte etwa sechs Monate, bis das Team die Angst loslassen konnte und beschloß, in dieser Krise mitzuhelfen. Und ich hatte erneut gelernt, nicht einfach von meinen Voraussetzungen auszugehen.

Das Team faßte den Beschluß, AIDS-Patienten in die Gruppe von Menschen mit anderen tödlichen Krankheiten zu integrieren. Und wie immer sollte unser Dienst kostenlos sein. Die Gruppen trafen sich dienstags morgens und dienstags abends; und dienstags abends gab es auch eine Selbsthilfegruppe für Familienmitglieder, Freunde und Liebespartner. Diese Regelung lief erstaunlich gut.

Etwa sechs Wochen, nachdem wir mit dem Programm angefangen hatten, fragten die AIDS-Patienten uns, ob wir auch eine zusätzliche Gruppe nur für sie einrichten könnten. Sie fanden die allgemeinen Gruppen weiterhin wertvoll für sich, wollten aber auch eine Gruppe, die sich nur mit AIDS auseinandersetzte.

Heute besuchen etwa die Hälfte unserer AIDS-Patienten beide Gruppen. Unser Team verbringt auch sehr viel Zeit mit Haus- und Krankenhausbesuchen. Erst kürzlich haben wir eine »Gesund aber besorgt«-Gruppe für Menschen angefangen, deren Untersuchungsergebnis »HIV positiv« lautete, das heißt, daß sie sich mit dem AIDS-Virus infiziert haben, ohne bislang Krankheitssymptome zu zeigen.

Zu uns kommen Kinder mit AIDS und deren Familien sowie Kinder, die HIV positiv sind. Wir sind durch das ganze Land gereist, um solche Kinder zu besuchen.

Wir haben auch mit der Gesellschaft für Bluterkrankheiten und mit Bluterkranken zusammengearbeitet, die HIV positiv sind. Außerdem haben wir einen nationalen »AIDS-Notruf für Kinder« eingerichtet, der sowohl eine Selbsthilfegruppe als auch einen telefonischen Informationsdienst umfaßt. Unser Freund Jack Keeler, ein Cartoonist, hat ein Poster entworfen, das national und international verbreitet wurde, um über die Arbeit unseres Zentrums sowie ähnlicher Einrichtungen zu informieren. Darauf ist die Zeichnung eines kleinen Kindes mit traurigem Gesichtsausdruck zu sehen, und am unteren Rand des Posters steht geschrieben: »Ich habe AIDS. Bitte nimm mich in den Arm. Ich kann dich nicht anstecken.« Es ist in zahlreichen Zeitschriften erschienen sowie auf Litfaßsäulen und im Fernsehen in mehreren Ländern gezeigt worden.

❦

Im folgenden möchte ich Ihnen einige Geschichten über die tapferen Menschen erzählen, mit denen ich zusammengearbeitet habe und die meine Lehrer waren. Ihre Geschichten zeigen, wie die Grundsätze der Heilung von inneren Einstellungen praktisch umgesetzt werden können.

Der erste AIDS-Patient, den ich empfing, war ein junger Mann namens William Calderon. Er war Friseur und besaß zusammen mit seinem Liebespartner Henry einen gutgehenden Friseursalon. Eine von Williams Kundinnen, Judith Skutch Whitson, war für ihn wie ein Leitstern voller Licht und Trost gewesen. Sie sagte ihm immer wieder, daß nichts unmöglich sei und er niemals die Hoffnung aufgeben solle.

Indem sie ihn jedesmal, wenn sie einen Termin bei ihm hatte, umarmte und küßte, zeigte Judith, daß sie keine Angst hatte. Sie gab ihm ein Exemplar von *Lieben heißt, die Angst verlieren* und machte ihn mit den Schriften von Dr. Carl Simonton bekannt. Über William waren Zeitungsartikel erschienen, in denen er als der Mensch geschildert wurde, der am längsten mit AIDS gelebt hatte und immer noch bei guter Gesundheit war. Es war Judy, die mich William vorstellte.

William, Henry und ich haben uns um Geldmittel zur Gründung einer AIDS-Stiftung in Los Angeles bemüht. William und Henry waren ein ganz besonderes Vorbild für bedingungslose Liebe. Henry verließ seinen Partner nicht, als sie entdeckten, daß er AIDS hatte. Sie trafen zwar sämtliche Vorkehrungen, die von medizinischer Seite empfohlen wurden, aber Henry hatte keine Angst vor AIDS.

Die beiden brachten sich und vielen anderen Menschen, mich eingeschlossen, viel über Freundlichkeit und Geduld bei. Wir drei wurden sehr enge Freunde. Henry und William begannen den Inhalt ihres Lebens wie auch ihren Lebensstil zu überprüfen und neu einzuschätzen und widmeten der Hilfe anderer Menschen viel von ihrer Zeit.

Die größte Freude machte es ihnen, anderen, die vor Angst und Entsetzen wie gelähmt waren, beizustehen. Wenn ein Mensch seine ganze Energie und Aufmerksamkeit der Aufgabe widmet, anderen Menschen zu helfen, hört er auf, nur den eigenen Körper wahrzunehmen und sich ständig damit zu beschäftigen.

Genau das geschah mit William, und durch diese Entwicklung öffneten sich ihm Türen, Gottes Frieden zu erfahren. Williams anfängliches Ankämpfen gegen Gott begann sich zu legen. Ich erfuhr durch die Zusammenarbeit mit William sehr viel über meinen eigenen Kampf mit Gott.

Nach sechsjähriger Krankheit verschlechterte sich Williams Zustand. Wir hatten uns bei unseren Begegnungen immer umarmt und uns gegenseitig auf die Wange geküßt. Als ich William eines Tages zu Hause besuchte, bemerkte ich, daß große Teile seines Körpers mit Wunden bedeckt waren. Als ich ihn umarmte und ihn auf die Wange küssen wollte, hörte ich eine Stimme in mir, der ich nicht glauben wollte.

Ich war sicher, keine Angst vor AIDS zu haben, und trotzdem wurde da die Stimme meines Ich laut und sagte: »Paß lieber auf. Bist du sicher, daß du ihn auf die Wange küssen willst?« Ich schämte mich und fühlte mich wie ein Heuchler. Aber dann fiel mir eine Geschichte über den heiligen Franz von Assisi ein. Als dieser einmal nach anfänglichem Zögern einen leprakranken Menschen umarmte, änderte sich sein ganzes Leben. Er überwand seine Angst und sah nur das Licht der Liebe in diesem Menschen, statt sich mit dem Körper und dessen tödlichem Leiden zu identifizieren.

Schnell umarmte ich meinen Freund und küßte ihn wie gewöhnlich auf die Wange.

In diesem Sekundenbruchteil sah ich nur das Wesen Williams und das Licht der Liebe in ihm, und ich spürte, wie ein Licht uns eins werden ließ. An die Stelle von Angst war Liebe getreten. William fuhr dann fort, mir offener als je zuvor seine eigenen Ängste vor dem Sterben mitzuteilen.

William arbeitete so intensiv an der Heilung seiner Beziehungen wie sonst kaum jemand, den ich kannte. Es gab alte, nicht geheilte Beziehungen zu Familienmitgliedern sowie neuere Beziehungen – zu Kunden, Ärzten, Ratgebern und anderen mehr –, die ihn forderten. William wurde immer mehr zu einem leuchtenden Licht. Nur selten verschwand das wunderbar warme Lächeln aus seinem Gesicht.

William wußte genau, wie seine Beerdigung aussehen sollte. Sie sollte ein Fest des Lebens sein. Er wollte fröhliche Musik, die er selbst auswählte, die Zeremonie sollte in seinem und Henrys ge-

meinsamen Zuhause stattfinden, und ich sollte den Gedenkgottesdienst abhalten. Eines von meinen und Williams Lieblingsgebeten war das Gebet des heiligen Franz von Assisi.
Während seiner letzten Wochen besuchte ich William fast täglich in seiner Wohnung. Er hatte es gern, wenn ich dieses Gebet hersagte, und wenn ich es tat, konnte ich sehen, wie seine Augen aufleuchteten, auch wenn er nicht mehr imstande war zu sprechen. William erfuhr, daß – wissend daß seine Besucher oft Angst hatten und nichts zu sagen wußten – seine Mission darin bestand, jeden aufzuheitern, der zu ihm kam.
Er sah, daß sein Lebenssinn darin bestand, alle, die ihn aufsuchten, an seinem Glauben und seinem Vertrauen in Gottes Frieden teilhaben zu lassen. Ich sah, wie er eine spirituelle Wandlung durchlief. Jeder, der William kannte, betrachtete ihn als einen der beeindruckendsten Lehrer für Mut, Geduld, Glaube und Vertrauen, dem er jemals begegnet war.
Wir alle, die das Glück hatten, William bei seinem kurzen Aufenthalt hier kennengelernt zu haben, und die wir ihn als unseren Lehrer betrachteten, erfahren, wie seine Liebe in uns weiterlebt.

Kinder mit AIDS

Kurz nachdem bei Ryan White AIDS diagnostiziert worden war, flogen Diane und ich nach Indiana, um ihn zu besuchen. Ryan war über eine Bluttransfusion mit dem Virus infiziert worden. Als wir ihn das erste Mal sahen, war er ziemlich krank, und niemand wußte, ob er leben oder sterben würde. Während dieses Besuches erzählte uns Jeanie, seine Mutter, die Geschichte von Ryans Krankheit und wie diese sich auf sie selbst, ihre Tochter und Ryan ausgewirkt hatte. Jeanie erzählte uns auch von ihrer erstaunlichen Wandlung, in deren Verlauf aus Haß und Ärger Liebe geworden war.
Jeanie sagte zu uns, sie habe, als Ryan an AIDS erkrankt sei, angefangen, sämtliche Homosexuellen zu hassen, obwohl sie niemals einem begegnet war. Sie verlor sofort ihren Glauben an Gott. Kurze Zeit später war sie in New York und erzählte ihre Geschichte im

nationalen Fernsehen. Während ihres dortigen Aufenthaltes wurde sie gebeten, die AIDS-Station im Bellevue- Krankenhaus zu besuchen.
Während dieses Besuches begann sich Jeanies Sichtweise zu verändern. Dort auf dieser Station sah sie Homosexuelle plötzlich nicht mehr als böse, sexuelle Monster, sondern als menschliche Wesen, die sehr verängstigt waren und um Liebe baten.
Zwei Tage später kam es zu einem weiteren bemerkenswerten Ereignis. Jeanie erhielt einen Telefonanruf von einer Frau aus dem mittleren Westen, die sie im Fernsehen gesehen hatte. Die Frau teilte ihr mit, sie habe gerade einen Anruf von ihrem fünfundzwanzigjährigen Sohn erhalten, der ihr zwei Dinge erzählt habe, die sie vorher nicht gewußt hatte: Erstens, daß er homosexuell sei, und zweitens, daß er seit über drei Jahren AIDS habe. Er wollte nach Hause kommen, um dort zu sterben. Angst und Schmerz lagen in ihrer Stimme, als die Mutter Jeanie fragte, was sie tun solle.
Ohne auch nur einen Augenblick lang zu zögern antwortete Jeanie: »Das größte Geschenk, das Sie sich selbst bereiten können, das schönste Geschenk, das Sie Ihrem Sohn machen können, und Ihr größtes Liebesgeschenk an Gott besteht darin, daß Sie Ihren Sohn bitten, nach Hause zu kommen. Lieben Sie ihn, pflegen Sie ihn, überlassen Sie all Ihre Sorgen Gott und haben Sie keine Angst.« Genau das tat die Mutter.
Jeanie und diese Frau wurden Freundinnen, und Ryan rief den Sohn dieser Frau häufig an, um ihn aufzumuntern, ihm Hoffnung zu machen und mit ihm über seine Gefühle in bezug auf seine eigene AIDS-Erkrankung zu sprechen.
Angesichts der beeindruckenden Art, wie Jeanie ihre Sicht der Welt verändert hatte, empfanden Diane und ich tiefe Demut. Sie hatte die Brücke der Vergebung überquert und begann zu erleben, wie Frieden, Liebe und Gott in ihr Herz zurückkehrten. Es war uns beiden klar, daß wir weniger bei den Whites waren, um ihnen zu helfen, als von ihnen zu lernen. Es ist ein Segen für Diane und mich, daß wir in unserem Leben so wunderbaren Lehrern begegnet sind.
Als es Ryan besser ging und seine Ärzte sagten, er könne wieder zur Schule gehen – da er für andere keine Gefahr darstelle –, weigerte

seine Schule sich, ihn aufzunehmen. Wieder war die Versuchung für Jeanie groß, ärgerlich zu werden und sich als Opfer zu fühlen. Ein Rechtsanwalt und viel rechtliches Hin und Her waren erforderlich, damit die Schule diese Entscheidung zurücknahm.

Eines Tages sah Jeanie in den lokalen Fernsehnachrichten eine Gruppe von aufgebrachten Eltern, die ankündigten, sie würden Ryans Schule boykottieren. Plötzlich drängte sich ein kleines Mädchen ungefähr in Ryans Alter zwischen den Eltern hervor und sagte: »Ich habe keine Angst, AIDS zu bekommen. Und es gibt hier viele Kinder wie mich. Ryan braucht Liebe und Freundschaft, und wir wollen ihm beides geben.«

Plötzlich spürte Jeanie Gottes Gegenwart, und Vergebung, Hoffnung und Frieden kehrten wieder in ihr Herz zurück. Statt aggressive Eltern zu sehen, konnte sie jetzt deren Angst wahrnehmen.

Später zogen die Whites in eine andere Gemeinde um, die akzeptierend, liebevoll, anteilnehmend und hilfsbereit ist. Ryan und seine Familie fahren fort, anderen zu helfen. Ich habe sie oft angerufen, um sie über unseren AIDS-Notruf für Kinder in Kontakt mit anderen Menschen zu bringen, und sie haben sich nicht einmal verweigert. Sie wissen, daß Geben und Empfangen eins sind. Ich freue mich sehr darüber, daß die Welt jetzt von ihrer mutigen Haltung erfährt, denn ein Fernsehfilm über Ryan White und seine Familie ist in Vorbereitung.

Wir erhalten immer wieder Gelegenheiten, in allem, was wir erleben, eine neue Chance zu sehen, uns dafür entscheiden zu können, was wir glauben und wie wir unser Leben betrachten wollen. Selbst die schlimmste Tragödie und Verzweiflung, die das Ich uns wahrnehmen läßt, können wir positiv verwandeln. Wir können uns entscheiden, in allem nur Leben, Licht und Liebe zu sehen.

Gnadenengel

Zu uns ins Zentrum kommen auch Pflegeeltern, die beschlossen haben, Kinder mit AIDS bei sich aufzunehmen. Viele dieser Kinder sind Säuglinge, die mit der Krankheit geboren wurden. Häufig sind

die leiblichen Mütter von der Drogenspritze abhängig und nicht in der Lage, sich um ihre Kinder zu kümmern. Unglücklicherweise werden diese Kinder von ihren Gemeinden, Familien und Freunden oft abgelehnt.
Ich nenne die Pflegeeltern dieser Kinder Gnadenengel. Einige von ihnen haben sich ebenfalls die Ablehnung ihrer Freunde und Nachbarn zugezogen.
Kürzlich sprach ich mit einer Pflegemutter, deren AIDS-Säugling gerade vor einer Woche gestorben war. Sie hatte keine Angst, sich mit AIDS anzustecken, und wollte so bald wie möglich ein weiteres AIDS-Baby in Pflege nehmen. Diese Pflegemütter bringen mir und allen, die sie kennen, die Macht bedingungsloser Liebe bei und zeigen uns, was wirkliches Dienen heißt. Sie sind wahre Botschafterinnen Gottes.

❦

Zu den bemerkenswertesten Lehrern, die mir halfen, meinen Kampf mit Gott zu beenden, gehören für mich Ava Jean und ihre Familie. Nach dem Tod ihres krebskranken Mannes fand sie heraus, daß ihre beiden Söhne schwul waren. Später erkrankte der ältere ihrer Söhne an AIDS, und sie, ihr Sohn und sein Liebespartner begannen unser Zentrum zu besuchen. Ihr Sohn starb später, aber Ava war imstande, Ruhe und Frieden in Gott zu finden.
Ava Jean und der Freund ihres Sohnes besuchten das Zentrum auch weiterhin. Sie erhielt hier die Bestätigung, daß es zur spirituellen Heilung kommen kann, wenn die Heilung des Körpers nicht mehr möglich ist. Diese Tatsache kann das Leben von Menschen mit AIDS verändern.
Später bekam Peter, Ava Jeans jüngster Sohn, AIDS und starb.
Ein paar Monate vor seinem Tod ging ich mit Peter zusammen Essen, und er erzählte mir, daß sich die Qualität seines Lebens im letzten Jahr tiefgreifend verändert habe. Er sagte, es gleiche dem Gefühl, auf der höchsten Ebene die Erfahrung zu machen, mit Gott eins zu sein, eine Erfahrung, die für ihn über jede Theologie hinausgeht. Er sagte, er sei dabei zu lernen, daß es im Leben darum gehe,

im Bewußtsein des Gebens zu leben. Jeder, der Peter kannte, sah, daß sein Licht heller als die Sonne strahlte. Peter starb Mitte Juli 1988 zu Hause.
Man könnte meinen, daß Ava Jean aufgrund dieser Lebensgeschichte verbittert und ärgerlich auf die Welt und auf Gott wäre und eine schwere Zeit im Leben hätte. Das Gegenteil ist der Fall. Ava Jean hat gelernt, sich auf Gott zu verlassen. Sie engagiert sich für ihre örtliche Episkopalkirche und tut an einem Krankenhaus freiwillig Dienst als Laienkaplanin. Sie empfängt häufig Eltern aus Teilen des Landes, wo AIDS und Homosexualität immer noch mit Scham und Schande verbunden werden. Mangelnde menschliche Kontakte verstärken das Leid der Eltern noch. Für sie ist das Gespräch mit Ava Jean enorm hilfreich und anregend.

❦

Diane, das Team am Zentrum und ich hatten das Glück, mit Krankenhäusern und anderen öffentlichen Einrichtungen zusammenzuarbeiten, die mit der AIDS-Krise zu tun haben. In den meisten dieser Organisationen ist jeder überlastet, und es steht kaum Zeit dafür zur Verfügung, die eigenen Gefühle zu verarbeiten. Außerdem wird den meisten Mitarbeitern in der medizinischen Versorgung beigebracht, im Berufsleben ihre wahren Gefühle zu verbergen.
So viele Menschen sterben zu sehen – Menschen, die ihre Freunde geworden sind – ist häufig die primäre Ursache für den Streß der im Gesundheitsdienst Tätigen. Aber viele der Mitarbeiter fangen an zu erkennen, daß sie den Tod nicht als Versagen betrachten müssen.
Wir haben kürzlich eine Konferenz am General Hospital von San Francisco darüber abgehalten, wie den emotionalen und psychologischen Bedürfnissen der beruflichen und freiwilligen Helfer von AIDS-Kranken nachgekommen werden könnte. Wir haben festgestellt, daß ein Gruppenaustausch, der auf den Grundsätzen der Heilung von inneren Einstellungen beruht, für die meisten Menschen in diesen Berufsgruppen äußerst hilfreich ist. Und wir sind ermutigt worden, diese Arbeit auszuweiten.

Spirituelle Transformation und Krisen

Das Engagement der medizinischen Helfer und die Fähigkeit von Patienten, deren Liebespartnern und Familien, Schmerz und Angst in Mitgefühl und bedingungslose Liebe umzuwandeln, sind tief bewegende Erfahrungen. Wenn wir sehen, daß der Sinn unseres Lebens darin besteht, mit anderen eins zu werden, uns gegenseitig zu helfen und zu lieben, können wir anfangen, unser wahres spirituelles Wesen zu erfahren. Wenn Sie sich der Aufgabe widmen, anderen zu geben, sie zu lieben und ihnen zu helfen, hört der Kampf mit Gott auf.

Ich glaube von ganzem Herzen, daß wir in dem Maße, wie wir beginnen, Liebe und Vergebung als unsere einzige Aufgabe zu sehen, auch anfangen zu begreifen, daß bedingungslose Liebe die Antwort auf all unsere Probleme und alle unsere Fragen ist.

Nach meinem Gefühl bedeutet die AIDS-Trägödie für viele von uns ein Erwachen: die Erkenntnis, daß wir geistige Wesen sind und nicht vom Ich bestimmt; daß es nur das Leben gibt und keinen Tod; daß es keine Trennung und nur Liebe gibt.

Jenseits des Leids

Erinnere mich, daß, bin ich nur
im Herzen Gottes, es
kein Leiden gibt und keinen Schmerz.

Hilf mir, Mitgefühl zu zeigen
und die Würde der Liebe zu erkennen
in allem, was meine Augen schauen.

Erinnere mich, daß das Geschenk
des Friedens und bedingungsloser Liebe
das wertvollste ist,
was ich jemandem geben kann.

Laß mich über den Schmerz hinausschauen,
mit dem zu identifizieren mich
menschliches Leid verleiten könnte,
und laß mich nur das Licht der Liebe sehen,
das alle lebende Gestalt
umgibt und von ihr ausstrahlt.

Hilf mir zu erkennen, daß Deine Liebe
meine einzige Wirklichkeit ist
und daß das, was wahr und wirklich ist,
niemals verletzt werden oder Schaden nehmen kann.

Laß mich das Zeichen Deines Lichtes sein,
das uns von Schmerzen, Leid und
Trennung heilt.

Laß mich Deinen Herzschlag
in mir spüren, auf daß ich an alle
Deine Liebe und Dein Licht ausstrahlen kann
und weiß, das Licht, das ich sehe,
ist nur ein Widerschein von Deinem Licht
und meinem Licht, die in Eins zusammenfließen.

Erinnere mich, dankbar zu sein für Deine Liebe
und für die Gelegenheit,
anderen Hilfe und Liebe zu schenken.

16

Jeder ist unser Lehrer

Jeder von uns kann etwas bewegen

Jeder von uns kann etwas bewegen,
wenn wir der *Un*beweglichkeit, der Gleichgültigkeit
ein Ende bereiten,
wenn wir von unseren selbstbezogenen Wünschen lassen.

Jeder von uns bewegt etwas,
wenn wir uns jeden Tag erneut bewußt werden,
indem wir einander den Weg weisen.

Jeder von uns bewegt etwas,
wenn wir zu Erbarmen uns verpflichten,
durchströmt vom Herzschlag tiefen Mitgefühls,
und wenn die Sorge füreinander zu
unserer einzigen Leidenschaft wird.

Jeder von uns bewegt etwas,
wenn Geben, Güte, Geduld und Zärtlichkeit
unser Gebet
wenn Liebe und Vergebung
unser Lied sind alle Tage.

Jeder von uns kann etwas bewegen,
wenn alles, was wir denken, sagen oder tun
zu einem Geschenk der Liebe wird für Gott.

Jeder von uns bewegt etwas,
wenn wir uns verpflichten auf
Frieden, auf Liebe und auf Glück
und unser Leben ganz in Gottes Hände geben.

❦

Wenn wir beschließen, stets daran zu denken, daß jeder, der uns auf unserem Lebensweg begegnet, uns Vergebung und Liebe lehrt und uns die Gegenwart Gottes bewußt macht, bekommt das Leben eine neue Bedeutung und einen neuen Sinn. Das Ich jedoch möchte, daß wir in den Menschen Lehrer der Angst sehen. Wenn wir unser Urteilen aufgeben und das Ich beiseite lassen, beginnen Chaos, Verzweiflung, Depression und Konflikte zu verschwinden, und an ihre Stelle treten Liebe und Glück.

Ich werde ständig daran erinnert, daß es im Leben keine zufälligen Begegnungen gibt, und wenn wir sehen, daß wir alle gleich sind – als Lehrer/Schüler und Schüler/Lehrer –, kann jede Beziehung eine neue Gelegenheit ans Licht bringen, Gottes liebende Gegenwart in uns und im anderen zu erfahren.

Ich möchte Sie gerne an einigen Geschichten von Menschen teilhaben lassen, die meine Lehrer gewesen sind.

❦

Als ich mich einmal in Denver befand, wo ich eine Rede halten sollte, ließ ich mir auf der Straße meine Schuhe putzen. Ich war mit einer Freundin unterwegs, und während wir uns unterhielten, bemerkte ich, mit welcher Begeisterung der Mann meine Schuhe polierte. Meine Schuhe waren niemals mit so behutsamer, liebevoller Fürsorge geputzt worden. Der Mann lächelte über das ganze Gesicht und schien in einem Zustand der Glückseligkeit zu sein. Er nahm sich mehr als fünfzehn Minuten Zeit, um meine Schuhe blank zu bürsten. Als ich ihm sagte, daß niemand sich bislang so intensiv um meine Schuhe gekümmert habe, entgegnete er, das sei sein »Geschenk an Gott«.

Als ich ihn bat, das genauer zu erklären, sagte er, er fühle sich gesegnet, ein Kind Gottes zu sein und Gottes überströmende Liebe zu empfangen. Weil er Gottes Liebe so dankbar anerkannte, achtete er darauf, daß aus all seinem Tun ein Geschenk an Gott wurde.

Er erzählte mir, daß er Gottes Gegenwart in allem spürte, was er sah oder berührte. Als er so sprach, wurde deutlich, daß er in dem liebevollen Polieren meiner Schuhe seine Liebe zu Gott ausdrückte.

Ihn zu beobachten war fast so, als betrachte man einen Menschen im glückseligen Zustand der Meditation oder des Gebetes.
Ich traf bei diesem Mann sowohl auf eine tiefe Demut als auch auf ein intensives Glücklichsein. Er lehrte mich, daß alles, was wir im Leben tun, ein Geschenk an Gott sein kann. Er erinnerte mich daran, daß wir in jedes »Hallo!«, in jede Berührung, in alles, was wir tun, selbst wenn wir Toiletten putzen, all unsere Liebe geben können, um sie Gott zu schenken.
Auf völlig unerwartete Weise verhalf mir ein Schuhputzer an diesem Tag zu einer tiefgreifenden spirituellen Erfahrung. Der Mann war ein Beispiel dafür, daß es nicht darauf ankommt, *was* wir tun, sondern *wie* wir es tun.
An diesem Abend war das Hauptthema meines Vortrags, daß wir Gottes Gegenwart in allem finden können, was wir tun – auch wenn wir uns die Schuhe putzen lassen.

❦

Bei einem Vortrag kam eines Tages in der Pause ein kleiner Junge, etwa fünf Jahre alt, auf mich zu und fragte ganz verwundert: »Heh, Mister, wie warst du denn, als du ganz neu warst?« Was für eine starke und tiefsinnige Frage!
Ich war zutiefst dankbar, daß er das gefragt hatte und bewunderte die Originalität der Frage. Kinder sind wie eine frische Brise, wenn sie darlegen, wie sie die Welt sehen. Wir können sehr viel von ihnen lernen.
Als Antwort sagte ich zu dem kleinen Jungen, ich wäre, als ich ganz neu war, »voller Liebe und Unschuld gewesen, genau wie du«. Aber in Wirklichkeit grübelte ich über die Frage des Jungen noch tagelang nach. Ich empfand Dankbarkeit für dieses Kind und begann mich zu fragen, wann ich, wie so viele andere auch, das Gefühl, voller Liebe und Unschuld zu sein, verloren hatte. Ich erinnerte mich daran, daß ein Neugeborenes ganz aus Unschuld, Liebe, Licht, Glaube, Vertrauen und Glück besteht.
Liebe und Unschuld fliegen in dem Augenblick zum Fenster hinaus, wo wir anfangen, uns selbst und andere zu beurteilen.

Und wir gewinnen diese Unschuld in dem Augenblick wieder, wo wir aufhören, Urteile zu fällen. Bei meinen täglichen Meditationen stellte ich mir diesen kleinen Jungen vor. Ich ließ mich von seinem Bild daran erinnern, daß jeder Tag, an dem ich alles wieder mit den neuen Augen eines Kindes betrachte, wie eine Neugeburt sein kann.

❦

Bobby kam ins Zentrum und brachte mir viel über den Umgang mit Ärger bei. Er war zehn Jahre alt und hatte einen schweren Nierenschaden. Er wartete auf eine Transplantation.

Bobbys Eltern waren beide von Geburt an taubstumm, deswegen lernte Bobby zunächst die Zeichensprache und dann erst die verbale Sprache. Immer wenn er mit seinen Eltern die Praxis seines Arztes aufsuchte, erzählte Bobby ihnen mit Hilfe der Zeichensprache, was der Arzt sagte.

Eines Tages begann ich mich zu fragen, wie es wäre, in Bobbys Familie aufzuwachsen. Ich versuchte mir vorzustellen, wie es aussah, wenn Bobbys Vater ärgerlich auf den Jungen war. Schließlich fragte ich: »Was machst du, wenn dein Vater dir in der Zeichensprache mitteilt, daß er ärgerlich auf dich ist?«

Bobbys Augen begannen zu funkeln, und er sagte grinsend: »Och, dann mache ich einfach die Augen zu.«

❦

Ich werde niemals Greg Harrison vergessen, das erste Kind in unserem Zentrum, das starb, und zwar im Alter von elf Jahren. Im August 1987, zehn Jahre nach seinem Tod, aß ich mit seinen Eltern zu Mittag. Wir sprachen darüber, daß Greg, wie so viele Kinder, denen wir im Zentrum begegneten, eine weise Seele in einem jungen Körper war, gekommen, um Menschen, die offen dafür waren, die Wahrheit zu lehren.

Gregs Krankengeschichte war typisch für viele Kinder, die zu uns ins Zentrum kommen. Nachdem er schließlich fast ein Dut-

zend Medikamente einzunehmen hatte, alle mit schrecklichen Nebenwirkungen, stimmte Greg der Entscheidung zu, die Mittel abzusetzen.
Gregs Kinderärztin sagte ihm, daß er ohne seine Medizin wahrscheinlich innerhalb weniger Wochen sterben werde. Beim nächsten Gruppentreffen im Zentrum fragte eines der Kinder Greg: »Wie ist das denn für dich zu wissen, daß du in ein paar Wochen tot sein kannst?« Greg antwortete ganz friedlich und ruhig: »Ich glaube, wenn du stirbst, legst du einfach nur deinen Körper ab, der sowieso gar nicht wirklich war. Und dann bist du eins mit allen anderen Seelen und mit Gott.« Er fügte hinzu: »Manchmal kommst du auch als Schutzengel für jemanden zurück.«
Greg schenkte uns allen eine andere Sichtweise von Leben und Tod. Er dachte auch nicht einen Augenblick lang, daß der Tod das Ende des Lebens sei.
Ich bin Greg und den vielen anderen Kindern, denen ich begegnet bin, sehr dankbar dafür, daß sie mir geholfen haben zu sehen, daß man die Welt auch mit anderen Augen betrachten kann, und daß sie mir Mut gemacht haben zu vertrauen. Ich habe nie Zweifel daran gehabt, daß Greg weiterhin mein Schutzengel ist und mir über die steinigen Wegstrecken hinweghilft, die ich mir selbst bereitet habe.

Der ewige Tanz von Licht und Leben

Vor einigen Jahren hatte ich einen wunderbaren Traum. Ich befand mich auf dem Gipfel eines Berges. Ein großer Kreis von Kindern umgab mich, und mit allen hatte ich vor ihrem Tod gearbeitet. In meinem Traum faßten wir uns alle bei den Händen und tanzten fröhlich im Kreis. Dann schlossen sich uns die Erwachsenen an, mit denen ich gearbeitet hatte. All das kam mir gar nicht vor wie ein Traum, sondern war sehr real.
Es war so schön, daß ich vor Freude anfing zu weinen. Dann stellten sie mich in die Mitte des Kreises und schwebten, während sie um mich herum tanzten, hoch in die Luft, wobei sich ihre Körper spiralenförmig aufwärtsbewegten.

Und dann geschah etwas höchst Bemerkenswertes. Während sie alle höherstiegen, warfen sie mir Kußhände zu, und im selben Augenblick verwandelten sich ihre Körper in Licht. Es war ein eindrucksvolles Bild.
Während der Traum noch andauerte, glaubte ich, daß meine Freunde, meine Lehrer von der anderen Seite, mir sagen wollten, daß das Leben ein Tanz voller Licht und Glück ist und daß es keinen Tod gibt.

❦

Sharon Winter kam als Teenager zu uns ins Zentrum. Sie hatte Krebs. Ich erinnere mich noch daran, wie vorsichtig und zurückhaltend sie war, als sie zum ersten Mal ein Treffen besuchte. Sie glaubte nicht, mit den anderen Kindern, die alle viel jünger waren als sie, viel gemeinsam zu haben.
Sharon änderte ihre Meinung bald. Sie arbeitete hart daran, die Grundsätze der Heilung von inneren Einstellungen auf ihr Leben anzuwenden. Es war nicht leicht. Sie hatte das Gefühl, das erste Jahr ihrer Krankheit aufgrund einer Fehldiagnose vergeudet zu haben, und glaubte, daß die Dinge viel besser stünden, wenn die Ärzte schon früher die richtige Diagnose gestellt hätten. Es ist ziemlich verständlich, daß es ihr nicht leicht fiel, zu vergeben.
Sie war ein außergewöhnlich attraktives Mädchen, und es war sehr schwer für sie, als sie durch die Chemotherapie ihr Haar verlor. Aber der Krebs verschwand, und nach einigen Jahren heiratete sie. Es sah so aus, als ob alles für sie gut liefe. Dann kam der Krebs wieder.
Inzwischen gehörten Sharon und ihre Familie für mich praktisch zum weiteren Familienkreis. Sie lebte mit ihrem Mann oft in meinem Haus, wenn ich nicht in der Stadt war.
Sharon brachte mir viel über Mut, Vertrauen und Selbstachtung bei sowie über die vielfältigen Wege, auf denen unser Denken unseren Körper beherrscht. Als mein Sohn Lee beispielsweise seinen Doktortitel erhielt, war Sharon zu der Party eingeladen, mit der das Ereignis gefeiert werden sollte. Ihr Krebs war weiter fortgeschritten, und als ich sie am Tag der Party im Krankenhaus besuchte, bekam

sie intravenös Morphium verabreicht und sah aus, als sei sie dem Tode nahe. Trotzdem war sie sicher, daß sie die Party besuchen würde. Wenn ich sie anschaute, konnte ich mir nicht vorstellen, wie sie das anstellen wollte.

Sharon erschien auf der Party. Niemand hätte wissen können, daß sie krank war. Ich traute meinen Augen nicht – sie war lebhaft und sah aus wie ein Engel. Für mich war sie ein wandelndes Wunder.

Sharon ließ nicht zu, daß ihre körperliche Verfassung sie an diesem Abend einschränkte. Ich glaube, daß sie ein so starkes inneres Bild von der Party und wie sie sich dort amüsieren würde, entworfen hatte, daß sie sich im wahrsten Sinne des Wortes ihre eigene Wirklichkeit schuf, eine Wirklichkeit, die es ihr ermöglichte, über ihre körperliche Verfassung hinwegzugehen.

Als ich sie am nächsten Tag im Krankenhaus besuchte, sah Sharon wieder blaß und fahl aus, aber sie war sehr mit sich zufrieden. Nach meinem Besuch verließ Sharon das Krankenhaus, um nach Hause zurückzukehren, wo sie kurze Zeit später starb.

❦

Ich hatte nie Gelegenheit, ihm persönlich zu begegnen, aber die Geschichte von Manuel Garcia, seiner Familie und seinen Freunden wird immer einen besondern Platz in meinem Herzen einnehmen, weil sie mich lehrte, daß selbst unter den tragischsten Umständen Liebe an die Stelle von Angst treten kann und wir den Weg zu Glück und Freude finden; daß Gottes Liebe selbst in unseren dunkelsten Zeiten unseren Weg erhellt. Die Familie Garcias zeigte auf die denkbar anschaulichste Weise, was die Worte *»aus der Dunkelheit ans Licht«* wirklich bedeuten.

Als Manuel neununddreißig Jahre alt war, entdeckte er, daß er Krebs hatte. Durch die Chemotherapie verlor er sämtliche Haare und nahm fast dreißig Kilo ab. Die Ärzte waren besorgt. Da er sah, wie sein Körper versagte, fiel es ihm schwer, die Hoffnung nicht fahren zu lassen. Eine Seite in ihm fühlte sich von Gott verlassen. Sein Leben verlief offensichtlich nicht nach seinem eigenen Plan, und er hatte Angst, was aus seiner Familie werden würde, wenn er starb.

An dem Tag, als er aus dem Krankenhaus entlassen werden sollte, fühlte er sich müde und war voller Besorgnis. Während er darauf wartete, daß seine Frau und seine Freunde ihn abholen kamen, schlief er ein. Er war nicht sicher, ob er noch träumte, als er plötzlich die Schritte von Leuten hörte, die sich um sein Bett versammelten. Er öffnete die Augen und war erstaunt. Über sein Bett beugten sich fünf vollkommen kahl rasierte Köpfe. Als er näher hinsah, erkannte er, daß es kein Traum war. Die Glatzköpfe gehörten seiner Frau und vier Freunden.

Er blinzelte und schüttelte den Kopf, um sich zu vergewissern, daß er wach war. Dann brachen alle in Lachen aus. Ihr Gelächter schallte durch die Flure des Krankenhauses und munterte alle auf.

Sie fuhren nach Hause, und als Manuel die Tür öffnete, sah er sich mehr als fünfzig Verwandten und Freunden, Kindern wie Erwachsenen aller Altersstufen gegenüber. Sie alle hatten sich die Köpfe kahl rasiert.

Sie feierten an diesem Tag ein Fest der Liebe, das niemand jemals vergessen wird. In diesem Augenblick verflogen Manuels Isolationsgefühle. Er spürte keine Angst mehr. Da war nur noch Liebe.

Später auf dieser Party sprach Manuel allen seinen Dank aus, und er dankte Gott dafür, daß Er ihn daran erinnert hatte, daß Seine Liebe immer gegenwärtig ist. An diesem Tag verschwanden all seine Gedanken, von Gott verlassen zu sein, und ich bin sicher, daß alle Anwesenden die Erfahrung machten, daß Geben und Empfangen eins sind.

David Roth schrieb ein Lied über Manuel und seine Freunde mit dem Titel »Manuel Garcia«. Der Text lautet wie folgt:

> Manuel Garcia, ein stolzer, junger Vater,
> war bekannt als hart arbeitender Mann,
> mit Frau, Familie und zukunftssicherem Beruf.
> Und sein Leben verlief ganz nach Plan...
>
> Eines Tages schmerzte Manuel Garcia der Bauch,
> und in der Klinik fand man entsetzt,
> der Krebs in seinem Körper hatte sich
> über die natürliche Ordnung hinweggesetzt...

Aus Milwaukee County kam Manuel Garcia
als Patient in die Klinik der großen Stadt.
Plötzlich sah er seine neununddreißig Jahre so rasch
wie Sand in einem Stundenglas verrinnen, er fühlte sich matt...

»Was kann ich tun?« schrie Manuel Garcia in Not.
Der Arzt sagte: »Zwei Möglichkeiten gibt es für Sie:
Wird der Krebs nicht behandelt, wird er Sie töten,
aber die Behandlung ist schmerzhaft, und ohne Garantie...«

Und so begann Manuels weite schwierige Reise –
lange, schlaflose Nächte im Dämmer der Chemie,
hallende Schritte im langen, einsamen Flur
verkünden und zählen die Stunden ganz leise...

Zu wissen, daß etwas ihn von innen verzehrt,
brachte Verzweiflung zu Manuel Garcia,
an den Krebs hatte er schon zwanzig Kilo verloren
und jetzt verlor er auch noch sein Haar...

Nach neun Wochen Behandlung kam sein Arzt ihm eröffnen:
»Manuel, was wir tun konnten, ist nun getan, wir sind am Ende,
wie Ihr Krebs sich weiter entwickelt,
haben wir nicht in der Hand, bei Ihnen liegt jetzt die Wende...«

Er sah sich im Spiegel – ein trauriger, verängstigter Fremder,
so blaß, so faltig, so einsam, so voller Furcht,
krank, isoliert und gewiß nicht liebenswert,
siebenundfünfzig Kilo, und keine Haare blieben ihm mehr...

Im Traum sah er Carmen im Alter von sechzig, allein ohne ihn,
seine vier kleinen Kinder, ganz ohne Papa,
träumte vom Kartenspiel bei Julio und all den Dingen,
die er hatte tun wollen und doch nicnt getan...

Am Tag der Entlassung weckt ihn das Scharren von Füßen,
die leise sein Bett umkreisen, aus seinem Schlaf.
Er öffnet die Augen und glaubt, noch immer zu träumen:
seine Frau und vier Freunde, kahl geschoren wie ein Schaf...

Er blinzelte, schaute noch einmal und konnte nicht fassen,
was fünf kahlglänzende Köpfe hier nebeneinander bloß machten.
Und bis jetzt war noch immer kein Wort gefallen,
aber schon bald weinten sie vor Freude und lachten...

Durch die Krankenhausflure schallten fröhliche Stimmen:
»Patron, das haben wir für dich getan, da siehst du es.«
Und vom Rollstuhl stieg er ins Auto, das sie geliehen.
»Amigo, estamos, contigo, ves...«

So kehrte Manuel Garcia zurück in sein altes Viertel
und vor seiner Zwei-Zimmer-Wohnung verließ er den Wagen.
Es war Sonntag, und die Siedlung schien seltsam verlassen.
Er atmete tief durch und zupfte an seinem Kragen...

Bevor er noch eintreten konnte, flog die Wohnungstür auf,
und ein zweites Mal traute Manuel seinen Augen nicht:
Ihn umringten wohl fünfzig geliebte Gesichter und Freunde
mit kahlrasierten Köpfen, die sagten: »Wir lieben dich...«

Und Manuel Garcia, ein Opfer von Krebs,
ein Vater, ein Ehemann, ein Nachbar und Freund an allen Tagen,
spürte einen Kloß im Hals und sagte: »Ich kann nicht gut reden,
aber ich muß euch jetzt unbedingt folgendes sagen...

Ich fühlte mich allein mit dem Krebs und meinem kahlen Kopf,
doch jetzt steht ihr mir bei, dem Himmel bin
ich so dankbar für die Kraft, die ich nötig brauche. Gott segne euch,
Und mögen wir lange leben, die Liebe gibt unserem Leben Sinn...

So dankbar für die Kraft, die ich nötig brauche. Gott segne euch,
Und mögen wir lange leben, die Liebe gibt unserem Leben Sinn...«

Gott ist in jeder Beziehung

Während ich fortfahre, von den Menschen zu lernen, denen ich begegne, wird mein spiritueller Weg etwas leichter und klarer. Jede neue Lektion erinnert mich daran, Urteile loszulassen und mich darauf zu konzentrieren, in anderen das Licht der Liebe, das göttliche Selbst zu sehen. Und ich habe angefangen zu begreifen, daß jeder Mensch, der jemals in mein Leben getreten ist, mir etwas Neues darüber beigebracht hat, was es heißt, wirklich zu vergeben und bedingungslos zu lieben. Ich bin ihnen allen dankbar, denn sie haben mich gelehrt, die Welt mit anderen Augen zu betrachten.

Ich bin jeden Tag wieder in Versuchung, in mein altes, beurteilendes Verhalten zurückzuverfallen. Jeden Tag muß ich mich erneut daran erinnern, daß die menschliche Wahrnehmung ein Spiegel ist und keine Tatsachen wiedergibt. Und mit jedem Tag wird es ein wenig leichter, in uns allen das zu sehen, was heilig ist.

17

Nichts ist unmöglich

Wenn du an Gott glaubst und in ihn vertraust,
ist nichts unmöglich;
es gibt immer Hoffnung,
es gibt immer Freude,
es gibt immer Liebe
und es gibt immer
Stille und Frieden.

Während ich an diesem Buch arbeitete, erzählte ich einem Freund, daß es immer noch Zeiten gäbe, in denen es mir schwerfiele zu schreiben. Ich mußte lachen, als er daraufhin sagte, daß ich vielleicht immer noch mit Gott kämpfe.

Ich muß zugeben, daß ich immer noch in Versuchung bin zu kämpfen. Natürlich weiß ich in meinen wacheren Augenblicken, daß Gott sich an diesem Kampf niemals beteiligt hat und sich auch niemals daran beteiligen wird und daß der einzige Widersacher mein eigener streitender Verstand ist.

Wir können viel lernen, wenn wir uns anschauen, welche Gegensätze zwischen verschiedenen Zeiten unseres Lebens bestehen. Und der Gegensatz zwischen meinem Leben 1975 und meinem Leben heute macht deutlich, wie sehr sich meine Beziehung zu Gott verändert hat.

1975 hätte ich jeden Menschen für verrückt gehalten, der mir auch nur angedeutet hätte, ich würde mein Leben Gott widmen, ich würde zu trinken aufhören, das »Center for Attitudinal Healing« gründen, ein Schriftsteller werden und vielen Menschen begegnen, die mich Vergebung und Liebe lehren. Ich hätte nicht geglaubt, daß ich lernen könnte, mich selbst anzunehmen und zu lieben – und auch andere zu lieben. Mein Ich hätte gesagt, daß all das unmöglich sei. Und wenn irgend jemand mir gesagt hätte, ich würde innige Beziehungen haben, die auf Liebe und nicht auf Angst beruhten, hätte ich auch darauf erwidert, daß das unmöglich sei.

Heute, wo ich mich von einem völlig anderen Glaubenssystem leiten lasse, halte ich nichts für unmöglich. Und im selben Maße, wie mein Vertrauen und mein Glaube in Gott wächst, kann ich sehen, daß Liebe die einzige Wirklichkeit ist, die es gibt.

Bevor diese Veränderungen in meinem Leben geschahen, habe ich mich mit aller Macht an die Schuld geklammert. Heute verblaßt diese alte Anziehungskraft; ich glaube nicht mehr daran, daß Schuld ein unausweichbarer, angeborener Zustand ist.

Ich glaubte einmal, daß jeder Schuld an etwas habe und dafür verantwortlich zu machen sei. Heute glaube ich, daß es einfach keine Schuld gibt.

Früher hielt ich inneren Frieden für unmöglich. Heute gibt es Zeiten, zu denen ich einen inneren Frieden verspüre, der meine kühnsten Vorstellungen übertrifft.
Vor 1975 dachte ich, ich könne nicht friedlich sein, wenn die Menschen in meinem Leben sich nicht veränderten. Bin ich heute gereizt, ärgerlich oder deprimiert, kann ich mich *bewußt entschließen*, meine Gedanken zu ändern und inneren Frieden zu erfahren.
Früher dachte ich, Zeit existiere zu dem Zweck, daß ich etwas leiste und meine Leistungen beurteile, und das hieß, daß ich mit einer endlosen Reihe von Prüfungen und unvermeidlichem Versagen konfrontiert war. Jetzt betrachte ich Zeit als ein Angebot an unendlichen Gelegenheiten, mich immer wieder neu entscheiden und meine Meinung ändern zu können.
Ich war einmal zwanghaft interessiert an den äußeren Formen dieser Welt. Jetzt bin ich immer mehr auf den *Inhalt* des Lebens ausgerichtet – und das heißt auf Liebe.
Ehemals hatte ich das Gefühl, Fehler seien nicht akzeptabel; wenn ich etwas falsch machte, glaubte ich, eine unverzeihliche Sünde begangen zu haben. Heute kann ich sehen, daß wir aus Fehlern lernen und unsere Irrtümer korrigieren können. Ich halte immer weniger an Schuldgefühlen fest.

❦

Manchmal haben wir »heillose« Beziehungen zu Menschen oder Dingen, noch bevor wir ihnen begegnet sind. Eine solche Beziehung hatte ich zu Computern, ohne jemals damit gearbeitet zu haben. Das Schreiben dieses Buches hat für mich zu einem weiteren Wunder geführt, eins, das in den praktischen Seiten des Lebens begründet ist. 1975 war meine größte Angst die vor dem Sterben. Hätte 1987 mich jemand danach gefragt, hätte ich geantwortet, meine Angst vor Computern sei am größten.
Ich hatte mir eingeredet, ich könne aufgrund meiner Dyslexie niemals lernen, mit einem Computer umzugehen. Ich argumentierte, daß es bequemer sei, mit der Hand zu schreiben und dann meine Notizen mit Schere und Klebstoff zusammenzustückeln. Ich hatte

beschlossen, niemals auch nur den *Versuch* zu machen, mit einem Computer zu arbeiten. Da war es wieder, mein Ich, und erzählte mir von einem weiteren potentiellen Versagen.
Meine innere Führung aber sagte mir, ich solle lernen, mit einem Computer umzugehen, und dieses Buch damit schreiben. Dann bot mir ein alter Freund, Chet Watson, seine Hilfe an. Wenn es jemals einen Lehrer für Geduld, Liebe und Freundlichkeit gegeben hat, dann Chet. Zu meinem Erstaunen und meiner großen Freude brachte er mir Schritt für Schritt bei, mit einem Textverarbeitungsprogramm umzugehen. Ich bin Chet sehr dankbar, denn seine Geduld, Liebe und Unterstützung waren genau das, was ich brauchte.
Ich habe dies ganze Buch mit meinem Computer geschrieben. Indem ich meiner inneren Stimme lauschte, war ich imstande, eine weitere selbsterrichtete Grenze zu überschreiten, und wurde wieder einmal daran erinnert, daß nichts unmöglich ist.

❦

Im nächsten Kapitel werde ich Möglichkeiten vorstellen, den Verstand mit Hilfe von Gebet und Meditation still werden zu lassen. Als ich dieses Kapitel vorbereitete, fiel mir ein alter indischer Spruch ein:

> Ein geschäftiger Geist ist ein kranker Geist.
> Ein langsamer Geist ist ein gesunder Geist.
> Und ein stiller Geist ist ein göttlicher Geist.

Je besser wir uns von der Geschäftigkeit der Welt zurückziehen können, desto leichter fällt es uns, unseren Geist zur Ruhe zu bringen, und desto deutlicher werden wir die Gegenwart Gottes spüren und Seine Stimme hören können.

18

Meditationen für jeden Tag

Beten ist die Nahrung der Seele.

Häufig bitte ich meinen inneren Lehrer vor dem Schlafengehen um Hilfe. Manchmal bitte ich um Beistand für ein bestimmtes Problem; zu anderen Zeiten bitte ich um Hilfe, mein Ich loslassen und mich Gott hingeben zu können.
Oft erwache ich mitten in der Nacht mit dem Drang zu schreiben. Manchmal schreibe ich ein paar Sätze, dann wieder bis zu einer Seite in Form einer Meditation.
Aus diesen Texten habe ich diejenigen ausgesucht, die ich selbst als Morgenmeditationen am besten geeignet fand. Ich hoffe, daß Sie auch Ihnen hilfreich sind.
Für mich sind Meditationen dazu da, den Verstand zur Ruhe zu bringen, den Frieden und die Liebe Gottes zu erfahren, die Blockaden beiseite zu räumen, die uns hindern, die Gegenwart der Liebe wahrzunehmen, und um Herz und Verstand für Gottes Führung zu öffnen.

Über Meditation

Was ist Meditation anderes als das Bemühen,
 Gottes Liebe zu erfahren,
wegzukommen von den
 zahlreichen Gedanken und Spannungen, erzeugt
 durch die unerledigten Geschäfte
 unseres äußeren Lebens.
Meditation ist die Bereitschaft,
 einfach still zu sein
und zu lauschen.

Den folgenden Text schrieb ich nach meiner Rückkehr von einem Besuch der Flüchtlingslager im Sudan im März 1985, einer Zeit, in der es viel Hunger und Sterben gab. Von den vielen freiwilligen Helfern, denen ich das Glück hatte zu begegnen, lernte ich viel darüber, was es heißt, sich wirklich einzulassen.

Sich einlassen

Um friedlich zu sein und voll Freude, müssen wir
uns nur ganz darauf einlassen:

das Leben von einer Sekunde auf die andere zu leben,
als wäre es ein ewiger Augenblick,
und die Entscheidung zu treffen,
ungeachtet des Verhaltens, das wir beobachten,
gleichgültig wo wir sind
und wer bei uns ist,

ein Instrument für Gottes vollkommene Liebe zu sein,
total zu akzeptieren und unsere Abwehr fallenzulassen,
in Liebe alles von uns zu geben,
umfassende, äußerste und bedingungslose Liebe
allen zu geben, ohne jemanden auszuschließen.

Wir müssen uns nur darauf einlassen,
mit jedem Gedanken,
mit jedem Atemzug,
mit jedem Herzschlag,

Bedürftigen zu helfen,
die um Hilfe rufen und
leiden, weil es ihnen an Liebe mangelt;

und die Entscheidung zu treffen,
das Feuer des Mitgefühls in unseren Herzen zu unterhalten,
das Universum und alles, was es enthält,
mit zärtlich aufmerksamer Fürsorge zu lieben;

und die Entscheidung zu treffen, zu vertrauen und
Gottes grenzenlose Liebe für uns anzunehmen
und dadurch selbst zum Boten der Liebe Gottes zu werden;
und in allem nur Liebe zu zeigen und zu lehren,
denn das ist es, was wir sind.

Ehrlichkeit

Ehrlich sein bedeutet, uns selbst und andere
in keinster Weise zu täuschen
und nichts zu unterschlagen,
nur weil wir fürchten,
daß man uns angreift oder ablehnt.

Um ehrlich zu sein, müssen wir
vollkommen frei von Angst und Schuld sein,
um zu erkennen, daß wir entweder
ehrlich sind – oder nicht,
dazwischen gibt es nichts.

Ehrlich sein bedeutet zu erfahren,
welch vollkommene Harmonie es ist, wenn all
unsere Gedanken, Worte und auch Taten
voller Liebe sind.

Es bedeutet, ganz die Verantwortung zu übernehmen
für unser eigenes Verhalten, und
niemandem an irgend etwas Schuld zu geben.

Ehrlich sein bedeutet, vollkommen frei zu sein
und keine Angst davor zu haben, das
zu sein, was wir schon sind … LIEBE.

Wir wollen uns die Hände reichen

Wir wollen uns die Hände reichen
    und auf Gottes Licht zugehen.
Laßt uns in Gottes Gegenwart verweilen
    und im Hier und Jetzt der Freude.

Wir wollen uns befreien von Trennung
    in jeder Form
und der Versuchung widerstehen,
    uns gegenseitig zu beurteilen.

Wir wollen mit dem Leiden aufhören
und gemeinsam ein für allemal
    die Wunden der Vergangenheit
    und unsere unerfüllten Wünsche loslassen.
Wir wollen unser ganzes Vertrauen in Gott setzen,
    nur das göttliche Selbst in uns und Menschen sehen
    und uns von Seiner unerschöpflichen Liebe
    erfüllen lassen, bis wir selbst vor Liebe überfließen.

Wir wollen alle unsere Selbstzweifel loslassen,
    die wir auf einander projiziert haben,
und unser Wollen zu einem Willen vereinen,
    geführt allein von Gottes Plan.

Laßt uns in Liebe zusammenkommen,
laßt uns in Freude zusammenkommen,
laßt uns in Frieden zusammenkommen,
laßt uns LIEBEN, LIEBEN, LIEBEN…

Die Lösung

Viele Probleme scheinen unlösbar,
weil wir uns auf das Problem konzentrieren,
statt auf die Lösung.

Liebe ist die einzige Lösung,
und wenn wir nur in Richtung Liebe gehen,
werden all unsere Probleme verschwinden.

Vergib

Vergib,
vergib,
und vergib noch ein wenig mehr!

Höre niemals auf zu vergeben,
denn die Versuchung, auf andere zu projizieren
und sie zu beurteilen, ist immer gegenwärtig,
solange du in einem Körper lebst.

Vergebung ist der Schlüssel zu Frieden und Glück
und schenkt uns alles,
was wir uns nur wünschen können.

Geduld

Ungeduldige sind immer
in Eile.
Sie sind Gefangene der Zukunft und
fixiert auf Angst und Zeit.
Ungeduldige folgen selbstgesetzten
Zielen, die nirgendwo hinführen.

Geduldige sind niemals
in Eile.
Sie sind völlig in der Gegenwart,
eingehüllt in zeitlose Liebe.
Geduldige brauchen keine Ziele,
außer dem einen,
im Herzen Gottes daheim zu sein.

Geduldige sind geduldig
weil sie wissen,
daß sie bereits angekommen sind.

Lieben

Mögest du lieben,
wie du atmest,
sanft und leicht,
frei fließend,
mühelos,
fortwährend,
ohne Unterbrechung,
Gottes grenzenlose Liebe einatmend
und mit dem Ausatmen
die unbegrenzte Liebe von dir gebend,
die du in deinem Herzen trägst.

Ich bin

Ich bin der Wille Gottes.

In mir sind die reine Liebe, Freude und Frieden vereint.
Ich bestehe ganz aus Geben und Einswerden.
Was mich ausmacht, ist jener innere Zustand,
in dem es keine Angst gibt, keine Schuld,
weder Ärger noch Haß,
weder Schmerz noch Krankheit,
kein Urteilen noch irgendeine Form der Trennung.
Ich bin die Widerspiegelung der Liebe Gottes,
und darum bin ich überall
und habe weder Grenzen noch eine feste Gestalt.

Ich bin das Licht der Welt,
und somit die Wiederspiegelung alles Schönen.
Ich bin die Widerspiegelung der Einfachheit
der Blumen, des Sandes am Strand,
des Gesangs der Vögel,
des Geräuschs von Wellen, die ans Ufer rollen,
der Stille des Sees.
Ich bin die Widerspiegelung all dessen,
was gütig ist und freundlich, behutsam und mitfühlend,
all dessen, was Vertrauen zeigt und Ehrlichkeit.
Was mich ausmacht, ist jener innere Zustand,
in dem es nur das ewige Leben gibt
und keinen Tod, und
in dem nur Glück und Freude existieren.

Ich bestehe ganz aus Geist,
und mein spirituelles Sein ist meine Identität.
Ich bin ganz und eins mit allem Leben.
Ich bin unsichtbar und unermeßlich.
Ich bin Gottes heiliges Kind der Liebe,
ich bin Gottes Schöpfung, Gott ist meine Ursache, und
ich bin Gottes Wirkung.
Mit Gott gemeinsam erschaffe ich die Liebe.

Gottes Wille und der meine sind ein Wille.
Sollte ich je etwas anderes als Seinen Willen akzeptieren,
verleugne ich, was ich bin.

Ich bin die Widerspiegelung des Willen Gottes.

Ein Stäubchen Angst

So wie es nur ein Stäubchen Schmutz braucht,
um reines Wasser zu verderben,
so braucht es nur ein Stäubchen Angst,
um die Gegenwart der Liebe zu verhüllen.

Glückseligkeit ist jener Zustand,
wenn wir ganz umfangen sind
von unserer Dankbarkeit für die
grenzenlose Klarheit der Liebe
unseres Schöpfers – und
zugleich sind wir offen
für Gottes Dank an uns.

19

Bei jedem Schritt des Weges

Neulich las ich das folgende Gedicht eines zwölfjährigen Mädchens, das seine Gedanken über Frieden für ein Buch aufschrieb, das ich zusammenstellen half, Children as Teachers of Peace, *1982 erschienen.*
Ich wurde dadurch erneut darauf hingewiesen, wie wichtig Klarheit und Einfachheit sind. Dieses junge Mädchen sagte in einem Satz, was ich mit einem ganzen Buch zu sagen versuchte.
Ihre Aussage ist für mich so wichtig, daß ich ihr dieses ganze Kapitel gewidmet habe.
Wenn ich wachse und wenn ich einmal groß bin, hoffe ich wie dieses Mädchen sein zu können. In den Zeiten, in denen ich mir ihre Aussage wirklich zu Herzen nehmen kann, habe ich vollkommenes Vertrauen und kämpfe nicht gegen Gott.
Ich glaube, daß das Universum mit Frieden und Liebe erfüllt wäre, wenn jeder von uns das, was sie lehrt, in jedem Augenblick seines Lebens zu seinem Gebet machen würde.

»Frieden ist,
wenn du weißt,
Gott hält deine Hand,
bei jedem Schritt des Weges.«

20

»Liebe ist der Weg, den ich voll Dankbarkeit gehe«

Voll Dankbarkeit für Dich

Mein ganzes Sein pulsiert
in dem brennenden Wunsch,
für immer mit Dir vereint zu sein.
Jeder meiner Atemzüge ist Dein.
Mein Herz ist ein endloser Lichtstrahl
Deiner Liebe.

Mein Geist, der Dein ist, ist das Licht der Welt.
Meine Augen verströmen und spiegeln nur
unsere vollkommene Liebe.
Mein innerstes Sein vibriert mit Dir wie die
Harmonie einer noch nie gehörten Musik.

In allem, was ich sehe, finde ich nur Deine Liebe,
die mich durchfließt
und in allem nur ihre eigene Spiegelung sieht.
Erfüllung finde ich allein darin,
Deinen Anweisungen und Deiner Führung zu folgen.

Meine Stimme, die Dein ist, kann nur segnen.
Mein Gebet ist nichts als ein ewiges Lied der Dankbarkeit,
daß Du in mir bist und ich in Dir,
und daß ich für immer in Deiner Gnade lebe.

❦

Kann es etwas Wichtigeres geben, als andere mit einem einzigen Wort anzuerkennen, indem man sagt: »Danke«?
Wenn wir in unserem Denken festgefahren sind und glauben, daß die Welt, wie wir sie wahrnehmen, das einzige ist, was existiert, fühlt das Ich sich im Recht, wenn es sich über all die Katastrophen, von denen wir umgeben sind, beklagt. »Danke« ist kein Wort, das zu sagen dem Ich leicht fällt. Das Ich möchte an dem Glauben festhalten, daß wir ein Opfer anderer Menschen und äußerer Umstände sind.
Das Ich möchte uns glauben machen, daß Liebe und Frieden in dieser Welt nicht möglich sind. Ihm ist es lieber, wenn wir uns gegenseitig angreifen statt einander zu danken.
Das Ich würde, wenn irgend möglich, uns am liebsten die Tatsache vorenthalten, daß unsere wahre Realität Liebe ist. Es zeigt uns die Welt der sinnlichen Wahrnehmung, in der wir leben, als einen Alptraum voller Phantasien von Schuldgefühlen, Sünde, Angriff und Verteidigung.
Wenn wir beschließen, über die Welt der sinnlichen Wahrnehmung hinauszugehen und in der Welt von Gottes Liebe zu leben, wird das Wort »Danke« zu einem Lebensstil. Werden wir uns der Gottesgeschenke ewiger Liebe und ewigen Friedens bewußt, wird das Wort »Danke« allmählich zum einzigen Wort, das uns über die Lippen kommt.
Ganz gleich, ob ein Tag stürmisch oder sonnig ist – wir können lernen, dafür Dank zu sagen. Früher habe ich immer geflucht, wenn es regnete, weil ich dann nicht Tennis spielen konnte. Ich dachte nur daran, wie ich etwas »bekommen« konnte. Die Möglichkeit, daß mir die Gelegenheit gegeben war, dankbar zu sein und anderen meine Liebe zu schenken, existierte in meinem Bewußtsein einfach nicht.
Das Ich ist schnell dabei, es absolut lächerlich zu finden, »Danke« zu sagen, wenn wir unseren Beruf, unser Haus oder den liebsten Menschen verloren haben. Darüber hinaus würde das Ich sagen, daß wir Gott oder seine Lehren nicht brauchen, wenn alles, was wir erleben, ohnehin positiv und eine Lektion Gottes sein soll.
Der Lehrer aber, der in unserem Herzen wohnt, würde sagen, daß alles, was in der Welt unserer sinnlichen Wahrnehmung geschieht, lediglich eine neue Gelegenheit darstellt, uns für das Glaubenssy-

stem der Liebe, das Glaubenssystem Gottes zu entscheiden, für eine Welt, in der es keinerlei äußere Formen, sondern nur Liebe gibt.
Stellen Sie sich vor, wie die Welt aussähe, wenn das einzige Wort, das wir zu Gott und zueinander sagen würden, »Danke« wäre. Jedesmal, wenn wir unsere Dankbarkeit ausdrücken, indem wir alle in unsere Liebe einschließen, wird es ein wenig heller in der Welt, und die Dunkelheit nimmt ein wenig ab.

Wir können lernen, unseren Verstand so umzuschulen, daß er auf all das Segensreiche achtet, statt uns ständig nur auf unser Unglück hinzuweisen. Indem wir uns der Liebe hingeben, indem wir uns Gott hingeben, können wir uns gegenseitig jeden Tag aufs neue liebevoll und dankbar anerkennen.

Wie schnell verändert sich doch unsere Welt, wenn wir lernen, all die Liebe weiterzugeben, die uns ständig aus unserem Ursprung zukommt. Welch größeren Dank könnten wir unserem Schöpfer erweisen, als zu beschließen, uns gegenseitig bedingungslos zu lieben, indem wir in jedem Gottes Antlitz sehen.

Mein Dank für all die Menschen, die in mein Leben getreten sind, um meine Lehrer zu sein, läßt sich mit Worten nicht ausdrücken. Oft habe ich sie gar nicht als meine Lehrer gesehen. Im Gegenteil, ich betrachtete sie als meine Feinde, ebenso wie ich in Gott meinen Feind sah.
Welche Erleichterung es ist, schließlich doch zu wissen, daß jeder mein Freund ist! Wie befreiend es ist zu wissen, daß die einzigen Feinde, die ich jemals hatte, die widerstreitenden Gedanken meines Ich waren!

Deswegen sage ich zu allen von ganzem Herzen:

Danke für die Lektion in Vergebung.
Danke für die Lektion in Geduld.
Danke für die Lektion in Freundlichkeit.
Danke für die Lektion in Liebe,
in Frieden
und in Glück und Freude.

»Liebe ist der Weg, den ich voll Dankbarkeit gehe.«
Ein Kurs in Wundern

Nachwort

Dieses Buch zu schreiben, war eine wunderbare Therapie für mich. Dinge kamen hoch, von denen ich nicht wußte, daß ich immer noch daran festhielt. Im Verlauf dieses Prozesses wurde ich wieder einmal darauf hingewiesen, daß ich mich von innerer Dunkelheit nicht befreien und keinen inneren Frieden finden kann, solange ich nicht bereit bin, diese Dunkelheit bewußt wahrzunehmen.

Es gibt für mich immer noch Zeiten, in denen ich glaube, bereits in Gottes Herzen zu wohnen, und den Gedanken nicht wahrhaben will, daß die Reise noch nicht zu Ende ist. Es vergeht kein Tag, an dem ich nicht in Versuchung bin, andere oder mich selbst zu beurteilen und zu tadeln.

Und doch festigt sich meine Absicht immer mehr, jeden Tag zu einem gelebten Gebet werden zu lassen. Ich gelange zu größerer Festigkeit, indem ich mir bei jedem Austausch folgende einfache Fragen stelle: »Worauf läuft dieses Gespräch hinaus? Geht es um ein Einswerden mit anderen und mit Gott oder geht es hier darum, eine Trennung zu bewirken?«

Ich stelle fest, daß ich, um aus der Dunkelheit ans Licht zu gelangen, einfach nur ein wenig freundlicher, ein wenig behutsamer und liebevoller mit den Menschen in meiner Umgebung sowie mit mir selbst umgehen muß. Mir selbst Liebe entgegenzubringen, war für mich die größte Schwierigkeit.

Für mich wird jetzt immer deutlicher zur Realität, wie einfach es ist, ein Leben in Liebe statt ein Leben in Angst zu wählen. Mich einfach auf Gott zu besinnen und darauf, daß meine wahre Identität Liebe ist, hat eine so tiefe Wirkung, wie ich mir nie hätte träumen lassen.

Ich danke Ihnen dafür, liebe Leserin und lieber Leser, daß Sie mich durch die Seiten dieses Buches begleitet haben. Ich lade Sie ein, sich mir in der Erkenntnis anzuschließen, daß tatsächlich ein jeder von uns etwas bewegen kann. Lassen Sie uns alle in Liebe zusammenkommen und in dem Wissen, daß wir das Wunder des Lichtes in diese Welt tragen, wenn wir die Gedanken der Liebe und des Friedens miteinander teilen.

Wir können in einer Welt leben, aus der die Dunkelheit verschwunden ist, in der es keinen Schmerz und kein Leid mehr gibt und in der Liebe die Antwort auf all unsere Fragen ist.

Wir sollten uns gegenseitig daran erinnern, daß wir das nicht allein zustandebringen. Laßt uns zusammenkommen, um uns in jedem Lebensbereich zu zeigen:

Wie immer die Frage lautet, Liebe ist die Antwort.
Welches Problem wir auch haben, Liebe ist die Antwort.
Welche Angst wir auch immer verspüren, Liebe ist die Antwort.
Woran wir auch erkranken mögen, Liebe ist die Antwort.
Was auch immer uns schmerzt, Liebe ist die Antwort.
Um was es auch geht, Liebe ist immer die Antwort.
Denn Liebe ist alles, was ist.

Ich möchte von ganzem Herzen Diane Victoria Cirincione danken, durch deren ständige Ermutigung, Geduld und Liebe dieses Buch möglich wurde. Besonders danken möchte ich auch Hal Zina Bennett für die vielen Stunden, die er mit mir zusammen dieses Buch redigiert hat.

Sehr dankbar bin ich Judith Skutch Whitson und Robert Skutch von der »Foundation for Inner Peace« (Gesellschaft für Inneren Frieden, *Anm.d.Ü.*) für ihre Erlaubnis, aus *A Course in Miracles (Ein Kurs in Wundern, Anm.d.Ü.*) zu zitieren. Und ich möchte meinen tiefsten Dank dem Team und den vielen Menschen ausdrücken, die ins »Center for Attitudinal Healing« (Zentrum zur Heilung von inneren Einstellungen, *Anm.d.Ü.*) in Tiburon, Kalifornien, gekommen sind und mir beigebracht haben, was Vertrauen, Hingabe, Liebe und Frieden wirklich bedeuten.

Die Gebete, Meditationen und Prosa-Gedichte in diesem Buch sind größtenteils Texte von mir. Wo sie aber aus anderen Quellen stammen, etwa aus dem *Kurs in Wundern*, habe ich extra darauf hingewiesen.